패턴중심의 생활 일본어

백동선 지음

신아사

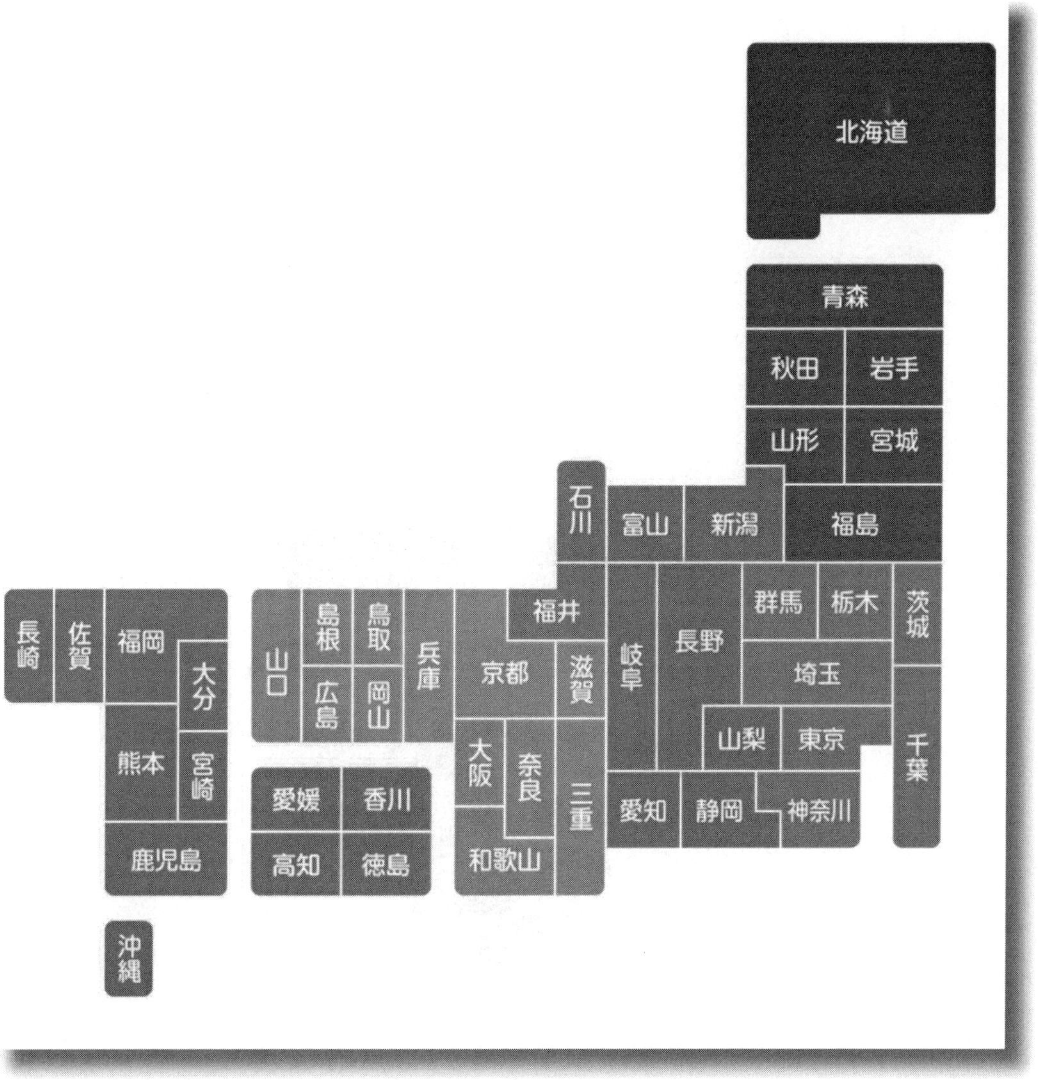

【일본의 광역자치단체】

일본은 8개의 지방으로 구분되어 있고, 47개의 광역자치단체로 구성되어 있다.

머리말

일본어에 관심을 갖고 공부를 해보고자 이 교재를 선택한 여러분 반갑습니다. 외국어 공부 이외에도 여러 가지 할 일이 많이 있을 텐데, 그럼에도 불구하고 시간을 유용하게 활용하기 위해 새로운 도전을 하게 된 여러분은 대단한 사람들입니다. 특히 학생의 경우는 정규 수업을 듣거나 방학을 이용하거나 평상시에도 조금씩 짬을 내어 외국어를 공부하다 보면 그 시간들이 매우 의미 있고, 지나고 나서 뿌듯함을 느낄 것입니다.

이 교재는 교양으로서의 생활일본어를 익히기 위한 책입니다. 일본어에 대한 가장 기본적인 것을 공부하게 됩니다. 일본과 일본어에 대한 간단한 소개에 이어 우리가 공부할 내용이 이어집니다. 가장 중요한 것은 역시 일본어이지요. 하지만 일본어를 통하여 일본과 관련된 상식적인 내용도 더불어 살펴보고자 합니다. 기본적인 일본어 구사와 일본에 대한 전체상을 어느 정도는 이해하도록 하기 위함입니다.

이를 위하여 각 과를 시작할 때마다 일본의 생활 모습을 살펴볼 수 있는 사진을 한 장씩 보여주고 간단한 설명과 함께 관련된 내용을 얘기합니다. 우리가 잘 알고 있는 일본음식과 더불어 각 월별 및 계절별로 일본의 풍습을 이해할 수 있는 사진을 기본으로 구성하였습니다.

본 교재에서는 일본어의 문자와 발음을 먼저 익히고 관련된 기본적인 단어를 익혀 본문에 들어갈 준비를 합니다. 본문을 학습하고 패턴연습을 통해서 다시 한 번 점검합니다. 언어 공부는 암기할 부분이 많습니다. 문자의 표기법과 발음에 대한 해설을 기본으로 해서 학습자들이 스스로 암기하고 연습을 해야 하는 시간이 필요합니다. 특히 소리를 내서 읽고 암기하는 것을 권장합니다. 외국어 학습에서 낭독은 학습효과를 배가시킬 수 있는 아주 좋은 방법이거든요.

기본적인 문자와 발음 공부가 끝나고 본문에 들어가게 되면 각 과별로 본문과 패턴연습 후에 그 과에서 사용한 단어를 한 페이지로 정리해 두었습니다. 또한 연습문제를 통하여 각 과에서 공부한 핵심적인 내용을 점검할 수 있도록 하였습니다. 페이지의 여유 공간에 일본과 관련된 읽을거리를 이야기 형식으로 실었습니다.

책 뒷부분에는 본문해석과 연습문제의 모범답안을 모아 두었습니다. 패턴연습에서 사용한 예문은 학습의 편의를 위해 바로 그 자리에 해석을 달았습니다.

본 교재에서 사용한 일본어 어휘는 총 1000단어를 넘지 않도록 하였습니다. 본 교재는 한 학기에 소화할 분량으로 구성하였기 때문에 교양수준에서 공부하더라도 이 정도의 어휘는 커버할 수 있기를 바랍니다.

일본어를 학습하게 되면 일본이 보입니다. 언어에는 그 언어를 사용하는 국가와 국민에 대한 모든 것이 함축되어 있기 때문입니다. 그만큼 언어를 공부한다는 것은 의미 있는 일입니다. 자, 지금부터 일본어 학습을 시작합시다.

2021년 5월 28일
백동선

목차

제1과 일본과 일본어

【스시 : 초밥】

스시는 영어로 sushi 라고 표기할 만큼 국제어가 되어 있다. 스시라는 말은 식초를 나타내는 일본어 su 로 버무린 밥이「시다 : sui 또는 suppai」라는 뜻에게 유래되었다. 스시에는 여러 가지 종류가 있다. 우리가 가장 잘 알고 있는 스시는 스시의 대표격인「니기리즈시」(생선초밥)이다. 이 외에도「이나리즈시」(유부초밥),「마키즈시」(김초밥),「치라시즈시」(비빔초밥),「오시즈시」(누름초밥) 등 다양하다. 자기가 원하는 것을 간편하게 골라서 먹을 수 있는「가이텐즈시」(회전초밥)도 인기가 많다.

1. 일본의 개요

일본은 우리나라의 동쪽에 위치한 나라이다. 일본의 국토면적은 37만8천 평방킬로미터이다. 지구상에 있는 200여 국가 중에 62위에 해당하는 순위이다. 유럽에서 일본보다 국토면적이 큰 나라는 스웨덴(45만), 스페인(50만5천), 프랑스(55만2천), 우크라이나(60만3천), 러시아(1707만5천) 정도이다. 독일(35만7천)도 커 보이지만 일본보다 작다. 세계 최대의 섬인 그린란드(덴마크령)는 217만 평방킬로미터이지만, 전토의 대부분이 얼음이다.

한국은, 남북한 합쳐서 22만 평방킬로미터이며, 남한만으로는 10만 평방킬로미터로 세계 107위이다. 즉, 남한의 약 4배정도의 크기를 일본은 갖고 있는 셈이다. 한반도의 1.7배이다. 게다가 일본은 섬나라이다. 이용 가능한 바다가 다른 나라보다 상대적으로 훨씬 넓다는 뜻이다. 해안선 길이는 미국보다 길다.

인구 면에서 보면, 일본은 1억3천만 명의 인구를 보유하여 세계 11위이다. 한국의 인구는 5200만 명으로 세계 28위이다.

현재, 일본을 한자 한 글자로 나타낼 때는 「화(和 : 일본어 발음은 [와])」를 쓰고 있다. 「화(和)」는 일본 고대국가인 「야마토(大和)」부터 사용되어온 표현이고 「화합하다, 온화하다」 등, 고상한 의미를 지니고 있기 때문에 과거에 쓰던 「왜(倭 : 일본어 발음은 [와])」를 대신하여 현재는 일반화되어 있다.

따라서 「일본음식」은 「화식(和食 : 일본어 발음은 [와쇼쿠])」가 된다. 물론, 한국어로는 「일식(日食)」 또는 「일식(日式)」이라고 한다. 일본 전통복장이라면 「화복(和服 : 일본어 발음은 [와후쿠])」가 된다는 것이다. 우리가 흔히 쓰는 「화과자(和菓子 : 일본어 발음은 [와가시])」를 굳이 한국어식으로 바꾼다면 「일본과자」이다.

2. 일본어의 위치

지구상에는 약 3000여개의 언어가 존재한다. 그러나 이 중에서 많이 알려지거나 우리가 일반적으로 알고 있는 언어는 별로 많지 않다.

어떤 사람이 태어나서 자연적으로 습득한 언어를 사용하는 인구의 총합을 언어사용인구라고 한다. 국가나 국적과는 다른 개념이다. 언어사용인구를 살펴보면 대략 언어의 판도를 가늠할 수 있다. 화자(話者)가 1억 명 이상인 언어를 대언어(大言語, major language)라고 하는데, 대언어는 다음과 같이 10개가 있다.

1) 중국어: 10억 (중국 인구 13억7천만. 1위)
2) 영어: 4.7억 (미국 인구 3억3천만. 3위)
3) 힌디어: 3.3억 (인도 인구 13억3천만. 2위)
4) 러시아어: 2.8억 (러시아 인구 1억4천만. 9위)
5) 스페인어: 2억 (스페인 인구 4천6백만. 30위)
6) 아랍어: 2억 (사우디아라비아 인구 3천2백만. 40위)
7) 포르투갈어: 1.9억 (브라질 인구 2억. 5위)
8) 벵골어: 1.8억 (방글라데시 인구 1억7천만. 8위)
9) 프랑스어: 1.6억 (프랑스 인구 6천7백만. 21위)
10) 일본어: 1.3억 (일본 인구 1억3천만. 11위)

괄호 안에는 각 언어를 사용하는 대표적인 국가를 보여주고 있다. 국가별 인구 순위 4위는 인도네시아, 6위는 파키스탄, 7위는 나이지리아, 10위는 멕시코이다.

이상을 보면 2억을 넘는 언어사용인구를 보유하고 있는 언어가 여섯 개이고, 1억에서 2억까지의 언어사용인구를 보유한 언어가 네 개로서, 이상이 상위 10위권의 언어들임을 알 수 있다. 이 중, 일본어는 1억3천만 명의 언어사용인구로 제10위를 점하고 있다. 국가별 인구 순위와 비슷하다.

언어사용인구를 말할 때 인도네시아어가 문제가 되는 경우가 있다. 실제로 인도네시아의 총인구는 2억6천만으로 세계 4위이다. 그런데 인도네시아에는 250여개의 언어가 있다. 한 국가에서 가장 많은 언어를 보유한 국가로 알려져 있다. 이중에서 언어사용인구 1위는 자바어로 전체의 40%, 2위는 순다어로 15%, 3위는 인도네시아어로 12%이다. 이 3위권의 언어인 인도네시아어가 인도네시아의 국어로 정해져 있다. 자바어 화자가 거의 1억에 육박하기 때문에 머지않아 대언어에 편입될 가능성이 있다. 언어사용인구의 통계는 학자에 따라 약간의 차이가 있다. 한편, 한국어는 언어사용인구 7천5백만 명으로 세계 15위권이다.

일본에는 언어의 분류상 세 개의 언어가 존재한다. 하나는 우리가 공부할 전국공통어인 일본어이고, 또 하나는 홋카이도의 아이누어, 그리고 오키나와의 류큐어이다.

일본에서 전국적으로 통용되는 일본어는 공통어라고 한다. 과거에는 표준어라고 하였고, 지금도 이 용어를 사용하는 사람이 있지만 현재 원칙적으로 공통어라는 용어가 맞다. 같은 개념이지만, 한국어에서는 표준어라고 하고, 북한에서는 문화어라고 하며 중국에서는 보통어라고 한다. 공통어로서의 일본어는 도쿄의 주거지역에 거주하는 교양 있는 일본인들이 사용하는 언어이다. 우리가 공부할 일본어가 바로 이것이다.

3. 오십음도

일본어의 문자는 가나(仮名 : かな)라고 한다. 가나에는 히라가나 (平仮名 : ひらがな)와 가타카나(片仮名 : カタカナ)라는 두 종류가 있다.

일상적인 문자생활에 있어서는 히라가나가 한자와 섞여서 일반적으로 쓰인다. 가타카나는 외래어를 표기할 때에 주로 쓰이며, 그 밖에 숫자나 로마자 등이 필요에 따라 쓰이게 된다.

일본어의 문자와 발음은 청음과 탁음, 반탁음, 요음, 촉음, 발음(撥音), 장음 등으로 나뉜다.

가나를 다음 표에 제시한 바와 같이, 5자씩 10행으로 구분하여 정리한 것을 오십음도라고 한다. 이 표에 나타난 5개의 가로의 줄을 단(段)이라고 하며, 10개의 세로의 줄을 행(行)이라고 한다. 오십음도는 50개의 글자이어야 하지만, 현대어에서 일반적으로 쓰이는 가나의 수는 히라가나와 가타카나 각각 46자이다. 여러분은 히라가나를 먼저 익혀주기 바라며, 틈나는 대로 가타카나도 익힐 수 있도록 하기 바란다.

(1) 히라가나

행 / 단	あ행	か행	さ행	た행	な행	は행	ま행	や행	ら행	わ행	
あ단	あ	か	さ	た	な	は	ま	や	ら	わ	ん
い단	い	き	し	ち	に	ひ	み		り		
う단	う	く	す	つ	ぬ	ふ	む	ゆ	る		
え단	え	け	せ	て	ね	へ	め		れ		
お단	お	こ	そ	と	の	ほ	も	よ	ろ	を	

(2) 가타카나

행 / 단	ア행	カ행	サ행	タ행	ナ행	ハ행	マ행	ヤ행	ラ행	ワ행	
ア단	ア	カ	サ	タ	ナ	ハ	マ	ヤ	ラ	ワ	ン
イ단	イ	キ	シ	チ	ニ	ヒ	ミ		リ		
ウ단	ウ	ク	ス	ツ	ヌ	フ	ム	ユ	ル		
エ단	エ	ケ	セ	テ	ネ	ヘ	メ		レ		
オ단	オ	コ	ソ	ト	ノ	ホ	モ	ヨ	ロ	ヲ	

제2과 히라가나와 가타카나

【 사시미 : 회 】

「사시미」는 한입 크기로 먹기 좋게 잘라진 것을 의미하며, 영어로는 sashimi 로 표기한다. 일본요리의 코스로 나오는 사시미는 좀 더 품위 있게 「오츠쿠리」라고 말하는 경우도 있다. 사시미는 단어 앞에 종류를 나타내는 말이 오면 「이카사시」(오징어회), 「후구사시」(복어회), 「바사시」(말고기회)와 같이 변하는 수가 있다. 「육회」는 한국어를 그대로 사용하는데 일본어식 발음으로 「육게」라고 한다. 사시미 자체를 주문하는 경우도 있고, 사시미를 메인으로 한 「사시미정식」 「사시미덥밥」 등 다양한 방식으로 먹을 수 있다.

1. 청음

오십음도의 기본표에 실린 글자의 음을 일반적으로 청음(清音)이라고 한다. 탁음이나 반탁음 등에 비해 맑게 소리 난다는 뜻이다. 히라가나와 가타카나를 같이 제시하는데 음가의 차이는 없다. 필순을 참고하여 연습하고 예로 든 단어는 암기하도록 한다.

(1) あ행

あ행(a행)은 일본어의 모음이다. 일본어의 모음은 이 あ행의 다섯 개로 되어 있다. あ행의 발음은 한국어의 [아·이·우·에·오]와 비슷하다. 단, [う]는 한국어의 [우]에 가깝게 발음이 되는 경우와 [으]에 가깝게 발음되는 경우가 있다.

	a	i	u	e	o
히라가나	あ 아	い 이	う 우	え 에	お 오
가타카나	ア	イ	ウ	エ	オ

예) あお(青) : 파랑　　いう(言う) : 말하다　　うえ(上) : 위
え(絵) : 그림　　おい : (남자)조카　　アイ(eye) : 눈

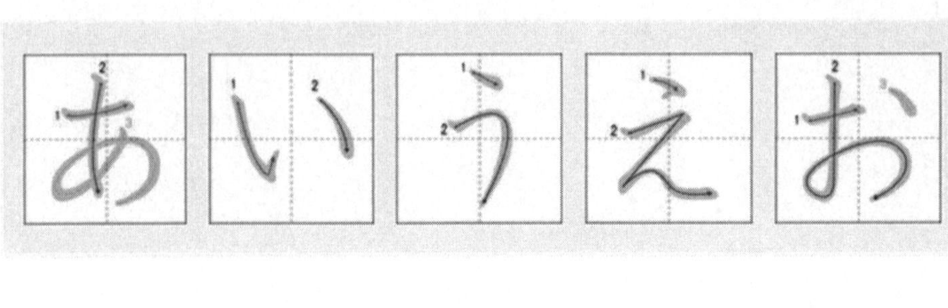

(2) か행

위의 あ행을 제외한 글자를 통칭 자음이라고 하는데, 일본어로 자음이라고 하는 글자는 기본적으로 모음을 내포하고 있다. 즉 자음과 모음이 한 묶음으로 발음되는 특징이 있다.

か행(ka행)은 단어의 첫머리에 올 때는 [가]에 가깝게, 그 밖의 경우에는 [까]에 가깝게 발음한다. 이하의 표에서는 관례상 [카·키·쿠·케·코]로 표기하기로 하지만, 일본어는 일반적으로 격음(거센소리)으로 발음하지 않으므로 너무 세게 발음하지 않도록 한다. 단, 외래어는 원음에 가깝게 격음으로 발음한다.

	ka	ki	ku	ke	ko
히라가나	か 카	き 키	く 쿠	け 케	こ 코
가타카나	カ	キ	ク	ケ	コ

예) かお(顔) : 얼굴　　あき(秋) : 가을　　かく(書く) : 쓰다
けの(毛) : 털　　こい(恋) : 사랑　　ココア(cocoa) : 코코아

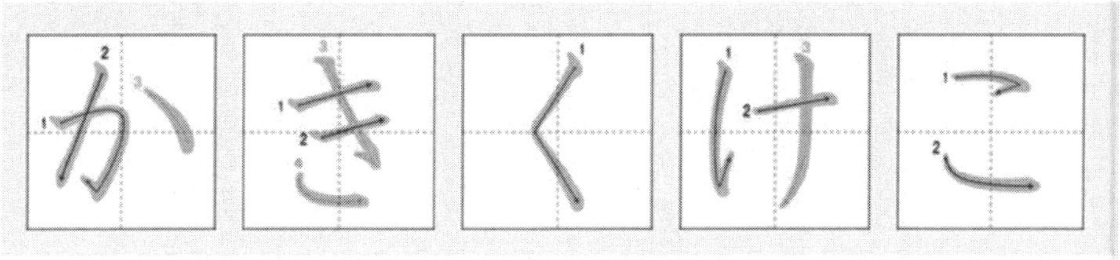

(3) さ행

さ행(sa행)은 한국어의 [사·시·스·세·소]와 비슷하게 발음한다. 이 중, [す]는 [수]보다는 [스]에 가깝게 발음되는 점에 유의한다. [시]의 발음은 한국어의 발음과 같이 혀가 입천장 쪽으로 올라가는 구개음화 현상이 발생하므로 로마자로 표기할 때는 shi 로 표기하는 것도 유의한다.

	sa	shi	su	se	so
히라가나	さ 사	し 시	す 스	せ 세	そ 소
가타카나	サ	シ	ス	セ	ソ

예) かさ(傘) : 우산　　あし(足) : 발　　すし(寿司) : 초밥
　　せき(席) : 자리　　そこ : 거기　　アイス(ice) : 얼음

(4) た행

た행(ta행)은 단어의 첫 음절에서는 한국어의 [다·치·츠·데·도]와 비슷하게 발음하고, 그 밖에서는 [따·찌·쯔·떼·또]에 가깝게 발음한다. 특히, [つ]의 모음은 [우]가 아니라 완전히 [으]에 가깝게 발음한다. 단, 한국어의「ㅊ, ㅉ」는 입천장에서 만들어지는 구개음인데 비하여 일본어의「つ」는 잇몸에서 만들어지는 잇몸소리이므로 혀의 위치에 신경 쓰도록 한다.「ち, つ」의 로마자표기에도 주의한다.

	ta	chi	tsu	te	to
히라가나	た	ち	つ	て	と
	타	치	츠	테	토
가타카나	タ	チ	ツ	テ	ト

예) うた(歌) : 노래　　くち(口) : 입　　つき(月) : 달
　　て(手) : 손　　とき(時) : 때　　タイ(tie) : 타이

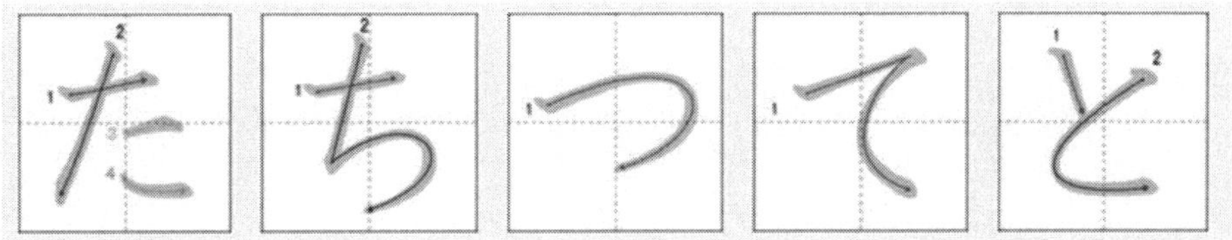

(5) な행

な행(na행)은 한국어의 [나·니·누·네·노]와 거의 비슷하게 발음되기 때문에 별 어려움 없이 익힐 수가 있다.

	na	ni	nu	ne	no
히라가나	な	に	ぬ	ね	の
	나	니	누	네	노
가타카나	ナ	ニ	ヌ	ネ	ノ

예) なに(何) : 무엇　　にこにこ : 싱글벙글　　いぬ(犬) : 개
ねこ(猫) : 고양이　　かね(金) : 돈　　ネイル(nail) : 네일

(6) は행

は행(ha행)은 각각을 따로 발음하면 한국어의 [하·히·후·헤·호]와 거의 비슷하게 들린다. 그러나 일본어의 は행은 발음하기가 의외로 까다롭다. 단어의 첫머리에서는 별다른 문제가 없으나 그 밖에서 발음될 때는 한국어의 간섭을 받아 [h] 음가가 거의 탈락하여 [아·이·우·에·오]와 같이 들리게 되기 때문이다.

한국어의 간섭이라는 것은 한국어의 [ㅎ] 음이 단어의 중간에서는 대부분 탈락하는데, 이 영향을 받는다는 것이다. 그러므로 일본어의 경우는 [h] 음가가 탈락하지 않도록 의식적으로 연습해야 한다. [후]는 입술에서 나는 소리이므로 로마자로는 fu 로 표기한다.

히라가나	ha は 하	hi ひ 히	fu ふ 후	he へ 헤	ho ほ 호
가타카나	ハ	ヒ	フ	ヘ	ホ

예) はと : 비둘기　　ひとつ(一つ) : 하나　　さいふ(財布) : 지갑
　　へそ : 배꼽　　ほし(星): 별　　ヘア(hair) : 헤어

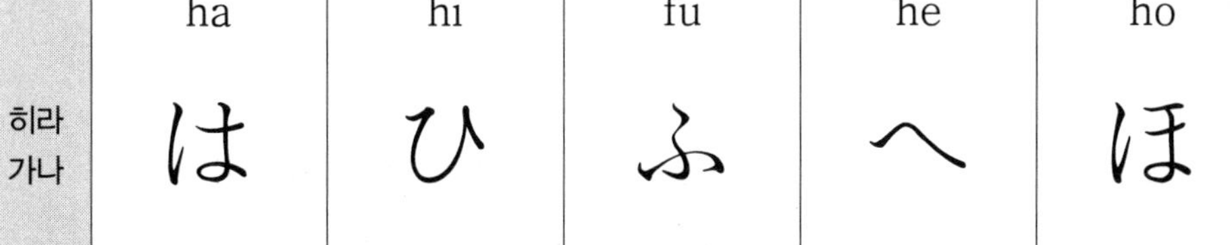

(7) ま행

ま행(ma행)은 한국어의 [마·미·무·메·모]와 거의 비슷하게 발음되는 음이다. 그러므로 발음하기에 특별한 어려움은 없다.

	ma	mi	mu	me	mo
히라가나	ま 마	み 미	む 무	め 메	も 모
가타카나	マ	ミ	ム	メ	モ

예) くま : 곰　　さしみ : 회　　むね(胸) : 가슴
め(目) : 눈　　もも(桃) : 복숭아　　メモ : 메모

(8) や행

や행(ya행)은 두 글자가 사라지고 현재는 세 글자만 사용된다. 한국어의 [야·유·요]와 비슷하게 발음한다. 교재에 따라서는 [이·에]를 あ행의「い」「え」로 대체 표기하여 오십음도를 채우는 경우도 있고 공란으로 두기도 한다.

히라가나	ya や 야		yu ゆ 유		yo よ 요
가타카나	ヤ		ユ		ヨ

예) やま(山) : 산　　ゆめ(夢) : 꿈　　よなか(夜中) : 한밤중
　 やね(屋根) : 지붕　　ふゆ(冬) : 겨울　　ヨガ(인 yoga) : 요가

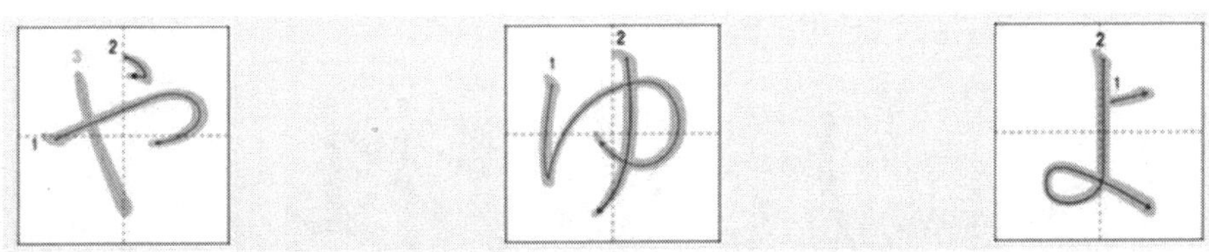

(9) ら행

ら행(ra행)은 단독으로 발음할 때는 한국어의 [라·리·루·레·로]와 거의 비슷하다. 따라서 발음이 쉬울 것 같지만 실제로는 꽤나 까다로운 발음이다. 일본어에서는 두음법칙이 적용되지 않기 때문에 어두에서도 [라·리·루·레·로]를 확실히 발음할 수 있도록 하고, 단어의 중간에서도 자음동화현상 없이 제대로 발음할 수 있도록 연습한다.

	ra	ri	ru	re	ro
히라가나	ら	り	る	れ	ろ
	라	리	루	레	로
가타카나	ラ	リ	ル	レ	ロ

예) さら(皿) : 접시　　くり(栗) : 밤　　さる(猿) : 원숭이
すみれ : 제비꽃　　いろ(色) : 색깔　　リスト : 리스트

(10) わ행

わ행(wa행)은 현재 두 글자만 사용되고 있다. 한국어의 [와·오]와 거의 비슷하게 발음한다. [이·우·에]에 해당하는 문자는 현대어로 오면서 일반적으로 사용되지 않기 때문에 공란으로 둔다. 이중에서 특히 [이·에]의 경우는 원래 글자인「ゐ」「ゑ」가 현대어에서도 종종 사용되는 경우를 볼 수 있지만, 일반적이지는 않다.「を」는「お」와 발음이 같으며,「을·를」에 해당하는 목적격조사로만 사용된다.

「ん」은 이것으로 시작하는 단어는 없고, 받침과 같은 역할을 한다. 나중에 첨가된 글자로 특별한 행이 없기 때문에 わ행 옆에 제시해 둔다. 한 가지로만 발음되지 않고, 음성 환경에 따라 음가가 변화한다. 대표적으로는 [N]으로 표기하지만, 이는 일종의 부호와 같은 역할을 하며, 실질적으로는 몇 가지의 다른 발음을 가지고 있는 것이다. 구체적인 발음에 대해서는 발음법칙 편에서 학습하게 되는데 단독으로는 [응]으로 읽는다.

히라가나	wa わ 와				o を 오	N ん 응
가타카나	ワ				ヲ	ン

예) わたし(私) : 나, 저　　にわ(庭) : 마당　　わき(脇) : 겨드랑이

みかん : 귤　　みかんをたべる : 귤을 먹다

クレヨン(프 crayon) : 크레용　　クレヨンをかう : 크레용을 사다

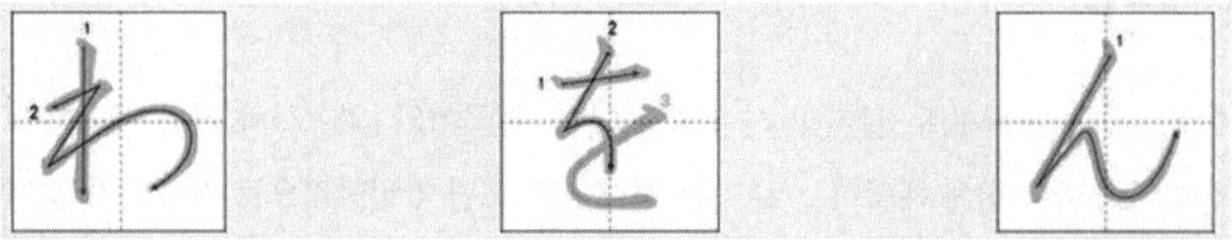
わ
を
ん

제3과 탁음과 반탁음

【 스키야키 : 전골 】

「스키야키」는 한국의 전골과 비슷한 냄비요리인데 영어로는 그대로 sukiyaki 라고 한다. 지금은 냄비요리이지만 원래는 농기구인 쟁기를 나타내는「스키」의 금속부분을 불에 달궈서 생선이나 두부 등을 익혀 먹은 데서 비롯된 말이다.「야키」는「구이」라는 뜻이다. 그 밖에도 여러 가지 설이 있는데,「스키나모노(좋아하는 것)」를 구워먹기 때문이라는 설도 있다.

제3과와 제4과에서는 청음에서 파생된 글자를 다루기로 한다. 먼저, 제3과에서는 탁음(濁音), 반탁음(半濁音)과 요음(拗音)을 학습한다.

1. 탁음

탁음(濁音)이란, 청음「か行·さ行·た行·は行」의 오른쪽 어깨 위에 탁점(「゛」)이라고 불리는 탁음부호를 붙여서 나타내는 음을 말한다. 탁음은 각각 대응하는 청음이 무성음인데 비하여 성대 진동으로 발음되는 유성음이다. 한국인에게는 탁음으로 시작하는 발음이 매우 어렵기 때문에 연습을 게을리 하지 말아야 한다.

(1) が행

が行(ga행)은 성대 진동 없이 시작하는 か行에 비하여 처음부터 성대를 진동하면서 시작하는 음이다. が行을 한글로는「가·기·구·게·고」로 표기하지만, 이 발음은 한국어의 어두에서는 나타나지 않고, 어중이나 어말에 나타나는 발음이기 때문에 어두의 が行 발음에 특히 신경을 써야 한다.

	ga	gi	gu	ge	go
히라가나	が 가	ぎ 기	ぐ 구	げ 게	ご 고
가타카나	ガ	ギ	グ	ゲ	ゴ

예) かがみ(鏡) : 거울　かいぎ(会議) : 회의　ぐあい(具合) : 상태
げんかく(厳格) : 엄격　ごご(午後) : 오후　ゲスト(guest) : 게스트

(2) ざ행

ざ行(za행)은 さ行에 대응한 유성음이다. 이 중에서「じ」를 제외한「ざ·ず·ぜ·ぞ」의 자음은 한국어에 없는 [z] 발음이므로 혀끝을 잇몸에 대고 발음한다. 단,「じ」는 구개음인「し」에 대응한 음이기 때문에「じ」도 혀가 입천장 쪽으로 올라가서 발음되고 로마자도 ji 로 표기한다.

	za	ji	zu	ze	zo
히라가나	ざ 자	じ 지	ず 즈	ぜ 제	ぞ 조
가타카나	ザ	ジ	ズ	ゼ	ゾ

예) ざる : 소쿠리　　じじ(時事) : 시사　　みず(水) : 물
　　かぜ(風) : 바람　　かぞく(家族) : 가족　　ズボン(프 jupon) : 바지

(3) だ행

だ行(da행)은 무성음 た行에 대응한 유성음이다. 이 だ行도 어두에 올 때는 특별히 신경 써서 성대 진동을 할 수 있도록 연습한다. だ行 중에서,「ぢ」「づ」는 성대 진동에 의해 결과적으로 ざ行의「じ」「ず」와 발음이 같아지므로 로마자 표기도 똑같이 ji, zu 로 한다.

	da	ji	zu	de	do
히라가나	だ 다	ぢ 지	づ 즈	で 데	ど 도
가타카나	ダ	ヂ	ヅ	デ	ド

예) かだい(課題) : 과제　ちぢめる(縮める) : 줄이다　つづみ : 장구
でぐち(出口) : 출구　かど(角) : 모퉁이　ドア(door) : 문

(4) ば행

ば行(ba행)은 무성음 は行에 탁음부호를 붙여서 표기하고 있지만, 성대 진동 유무와는 별도로 발음하는 위치가 다르다. は行은 목구멍 쪽에서 내는 소리인데 비하여, ば行은 입술에서 만들어내는 소리이다.

	ba	bi	bu	be	bo
히라가나	ば 바	び 비	ぶ 부	べ 베	ぼ 보
가타카나	バ	ビ	ブ	ベ	ボ

예) そば : 메밀　あそび(遊び) : 놀이　ぶらんこ : 그네
かべ(壁) : 벽　ぼいん(母音) : 모음　ベスト(best) : 베스트

2. 반탁음

반탁음(半濁音)이란, は行의 오른쪽 어깨 위에 반탁음부호(「°」)를 붙여서 나타내는 음으로, 반탁음은 이 ぱ行(pa행)만 있다. ぱ行은 반탁음이란 명칭이 붙어 있어서 절반 정도 성대 진동을 하는가 싶기도 하지만, 이 자음에 유성음의 요소는 없고 순수한 무성음이다.

발음에서 약간의 경향을 볼 수 있는데, 외래어의 경우는 [파·피·푸·페·포]에 가깝고, 고유일본어의 경우에는 [빠·삐·뿌·뻬·뽀]에 가깝다. 고유어의 경우에도 위치에 상관 없이 의성어는 [파·피·푸·페·포]에 가깝게 발음되고, 의태어는 [빠·삐·뿌·뻬·뽀]에 가깝게 발음된다.

	pa	pi	pu	pe	po
히라가나	ぱ 파	ぴ 피	ぷ 푸	ぺ 페	ぽ 포
가타카나	パ	ピ	プ	ペ	ポ

예) ぱたぱた : 탁탁　　パン(포 pão) : 빵　　ぴかぴか : 반짝반짝
タイプ(type) : 타입　　ぺこぺこ : 배고픈 모양　　ポスター(poster) : 포스터

3. 요음

요음(拗音)이란, 일본어의 「い단」 중에서 모음과 반모음을 제외한 「き·し·ち·に·ひ·み·り·ぎ·じ·ぢ·び·ぴ」에 반모음의 역할을 하는 「や·ゆ·よ」를 작게 써서 한 음절로 발음하는 글자와 음을 말한다. 이 중에서 「ぢゃ·ぢゅ·ぢょ」는 두 단어가 복합어로 연결될 때의 현상인 연탁음으로 사용될 경우와 몇 개의 예외를 제외하고는 거의 쓰이지 않으며, 같은 발음인 「じゃ·じゅ·じょ」가 일반적으로 쓰인다.

(1) 청음(清音)

kya きゃ　キャ 캬	kyu きゅ　キュ 큐	kyo きょ　キョ 쿄

예) おきゃくさん(お客さん) : 손님　　きゅうか(休暇) : 휴가
きょり(距離) : 거리　　キャスト(cast) : 캐스트

sha しゃ　シャ 샤	shu しゅ　シュ 슈	sho しょ　ショ 쇼

예) しゃいん(社員) : 사원　　しゅくだい(宿題) : 숙제
　　しょくじ(食事) : 식사　　シャツ(shirt) : 셔츠

cha	chu	cho
ちゃ　チャ	ちゅ　チュ	ちょ　チョ
차	추	초

〈참고〉 이 발음을 한국어 「차, 추, 초」로 표기한 것은 외래어표기법에 의한 것이다. 한국어의 「ㅊ」 발음이 혀가 입천장 쪽으로 올라가는 구개음화현상이 발생하기 때문이다. 필자는 일본어 요음의 모음은 「야, 유, 요」로 표기하는 것이 일관성이 있고 이해하기 쉽다고 판단되어 「챠, 츄, 쵸」로 표기하는 것이 학습에 유용하다고 생각한다.

예) おちゃ(お茶) : 차　　ちゅうしん(中心) : 중심
　　ちょしゃ(著者) : 저자　　チャイム(chime) : 차임

nya	nyu	nyo
にゃ　ニャ	にゅ　ニュ	にょ　ニョ
냐	뉴	뇨

예) こんにゃく : 곤약　　にゅうこく(入国) : 입국
　　にょろにょろ : 꿈틀꿈틀　　ニュース(news) : 뉴스

hya ひゃ　　ヒャ 햐	hyu ひゅ　　ヒュ 휴	hyo ひょ　　ヒョ 효

예) ひゃくてん (百点) : 백점　　ひょうじ(表示) : 표시
ひょうか(評価) : 평가　　ヒューマニズム(humanism) : 휴머니즘

mya みゃ　　ミャ 먀	myu みゅ　　ミュ 뮤	myo みょ　　ミョ 묘

예) さんみゃく(山脈) : 산맥　　みょうぎ(妙技) : 묘기
コミュニケーション(communication) : 커뮤니케이션

rya りゃ　　リャ 랴	ryu りゅ　　リュ 류	ryo りょ　　リョ 료

예) しょうりゃく(省略) : 생략　　りゅうこう(流行) : 유행
りょうり(料理) : 요리　　ボリューム(volume) : 볼륨

(2) 탁음(濁音)

gya	gyu	gyo
ぎゃ　ギャ	ぎゅ　ギュ	ぎょ　ギョ
갸	규	교

예) ぎゃくせつ(逆説) : 역설　　ぎゅうにゅう(牛乳) : 우유
　ぎょぎょう(漁業) : 어업　　ギャグ(gag) : 개그

ja	ju	jo
じゃ　ジャ	じゅ　ジュ	じょ　ジョ
자	주	조

〈참고〉 외래어표기법에 의거하여 「자, 주, 조」로 표기한다. 한국어의 「ㅈ」 발음이 구개음으로 발음되기 때문이다. 그러나 일본어의 요음은 모두가 구개음이기 때문에 일관성을 유지하기 위하여 「쟈, 쥬, 죠」로 표기하는 것이 혼란을 방지하고 교육적으로도 더 효율적이라고 할 수 있다.

예) じゃがいも : 감자　　いじゅう(移住) : 이주
　じょうきょう(状況) : 상황　　ジャンパー(jumper) : 점퍼

bya びゃ　ビャ 뱌	byu びゅ　ビュ 뷰	byo びょ　ビョ 뵤

예) さんびゃく(三百) : 삼백　　インタビュー(interview) : 인터뷰
　びょうしゃ(描写) : 묘사　　がびょう : 압정

(3) 반탁음(半濁音)

pya ぴゃ　ピャ 퍄	pyu ぴゅ　ピュ 퓨	pyo ぴょ　ピョ 표

예) はっぴゃく(八百) : 팔 백　　ピュアー(pure) : 순수함
　ねんぴょう(年表) : 연표　　ピューレ(프 purée) : 퓌레

제4과 발음법칙 및 한자

【 샤브샤브 】

「샤브샤브」는 영어로도 shabu-shabu 라고 할 만큼 국제어화되어 있다. 한 입 크기로 얇게 썬 고기와 야채를 끓는 물에 살짝 데쳐서 소스에 찍어 먹는 냄비요리이다. 샤브샤브라는 용어는 이 음식이 시작되었다고 알려진 오사카의 한 식당에서 이 음식을 먹을 때 나는 소리에서 비롯된 것이다. 그 모습과 소리가 종업원이 양동이에 물수건을 헹굴 때 나는 소리와 흡사하여 붙여진 이름이라고 한다. 한국어의「찰랑찰랑」과 같은 의성어이다.

제4과에서는 일본어의 발음법칙이라고 할 수 있는 촉음(促音), 발음(撥音), 장음(長音)을 익히도록 한다. 한자읽기의 기본적인 예와 표기법의 가장 기초가 되는 오쿠리가나에 대한 개념도 살펴보도록 한다.

1. 촉음(促音)

촉음이란「つ」를 다른 글자 다음에 절반 정도로 작게 써서 표기하는 것으로, 발음은 이 글자의 바로 다음에 오는 음에 따라 다르게 된다. 이때 주의할 점은 촉음이 글자 크기는 작지만 다른 글자와 마찬가지로 한 글자분 또는 한 박자분의 음성적 길이를 갖는다는 점이다. 한국어의 받침과 같은 역할을 하는 것이다.

이 촉음은 일반적으로「か·さ·た·ぱ」행의 앞에서만 나타나게 되는데 이때의 발음은 뒤에 오는 음과 같은 자음이 된다. 즉, 역행동화현상이 발생하는 것이다. 외래어와 같은 독특한 경우에는 탁음 앞에서 나타나는 경우도 있다.

(1) 촉음이 [k] 음 앞에 위치할 때의 발음은 [k] 이다.

예) ざっか : zakka (잡화)　　さっき : sakki (아까)
そっくり : sokkuri (모조리)　　すえっこ : suekko (막내)

(2) 촉음이 [s] 음 앞에 위치할 때의 발음은 [s] 이다.

예) あっさり : assari (깨끗이)　　いっしょに : isshoni (함께)
ぐっすり : gussuri (푹)　　せっせっせ : sessesse (쎄쎄쎄)

(3) 촉음이 [t] 음 앞에 위치할 때의 발음은 [t] 이다.

예) ねったい : nettai (열대)　　とって : totte (손잡이)
そっと : sotto (살며시)　　ナット : natto (nut, 너트)

(4) 촉음이 [p] 음 앞에 위치할 때의 발음은 [p] 이다.

예) すっぱい : suppai (시다)　　たっぴつ : tappitsu (달필)
モップ : moppu (자루걸레)　　のっぽ : noppo (키다리)

위의 (2)와 (3)은 결과적으로 한국어의「ㅅ」받침과 같은 음가가 되기 때문에 실질적인 발음은 세 가지로 요약할 수도 있다.

2. 발음(撥音)

발음이란 오십음도의 맨 끝에 있는「ん」을 말한다.「ん」은 촉음과 마찬가지로 한국어의 받침과 같은 역할을 한다. 이것으로 시작하는 단어는 없지만 다른 가나와 마찬가지로 한 박자분의 음성적 길이를 갖는 점에 유의한다.「ん」은 그 다음에 오는 음에 따라 다음의 네 가지로 발음(発音)된다. 촉음과 마찬가지로 역행동화현상이 발생하는 것이다.

(1) 입술소리인「ま · ば · ぱ」行 앞에「ん」이 위치할 때의 음가는「m」이다.

예) あんま : amma (안마)　　こんぶ : kombu (다시마)
とんぼ : tombo (잠자리)　　テンポ : tempo (템포)

(2) 잇몸소리인「さ·ざ·た·だ·な·ら」行 앞에「ん」이 위치할 때의 음가는「n」이다.

예) いんさつ : insatsu (인쇄)　　あんず : anzu (살구)
ハンドル : handoru (핸들)　　ねんど : nendo (점토)
どんな : donna (어떤)　　ろんり : ronri (논리)

(3) 연구개음인「か·が」行 앞에「ん」이 위치할 때의 음가는「ng」이다.

예) はんこ : hang-ko (도장)　　あんがい : ang-gai (의외로)
かんき : kang-ki (환기)　　ハングル : hang-guru (한글)

(4)「あ·は·や·わ」行 앞 및「ん」으로 끝날 때는 대표음가「N」이다.

이「N」은 일종의 발음부호라고 할 수 있는데, 특별히 주의하여 듣지 않는 한, (3)의「ng」과 거의 비슷하다. 발음도 뒤에 오는 음에 따라 즉 음성환경에 따라 자연스럽게 콧소리로 변화하므로「ng」으로 생각하고 발음하면 된다. 따라서 실질적인「ん」의 발음은「m, n, ng」의 세 종류로 요약할 수 있다.「N」으로 표기하면 오히려 이해에 혼란이 되기 때문에,「ng」으로 표기하도록 한다. 단,「ん」으로 끝날 때의 발음은 그 다음에 연결되는 말에 따라 발음이 변화하므로 주의한다.

예) じゅんあい : jung-ai (순애)　　うんえい : ung-ei (운영)
パンや : pang-ya (빵집)　　かんわ : kang-wa (완화)
かいてん : kaiteng (개점)　　にほん : nihong (일본)

3. 장음(長音)

장음이란 문자 그대로 길게 발음하는 것이다. 가나 한 글자분의 음성적 길이를 가지고 길게 발음한다. 일본어에서는 장음이냐 아니냐에 따라 의미가 변화하므로 장음이 매우 중요한 역할을 한다.

히라가나의 경우, 각 단의 글자 다음에 「あ, い, う, え, お」를 덧붙이면 장음이 된다. 즉, あ단 다음에는 「あ」, い단 다음에는 「い」, う단 다음에는 「う」, え단 다음에는 「え」, お단 다음에는 「お」를 덧붙이면 기본적으로 장음이 되는 것이다. 그런데, え단 다음의 「い」와 お단 다음의 「う」도 장음으로 발음한다. え단은 「え단+え」보다 「え단+い」가, お단의 경우는 「お단+お」보다 「お단+う」로 표기하고 장음으로 발음하는 것이 더욱 일반적이다.

가타카나의 장음법칙도 히라가나와 같다. 단, 표기하는 방법에 있어서 모음을 따로 표기하지 않고, 모든 장음을 「ー」로 표기한다.

(1) あ段의 장음 (あ단+あ)

예) おかあさん : 어머니　　おばあさん : 할머니
アパート : 아파트　　パートタイム : 파트타임

(2) い段의 장음 (い단+い)

예) おにいさん : 형, 오빠　　しいたけ : 표고버섯
チータ : 치타　　ヒール : 힐

(3) う段의 장음 (う단+う)

예) すうがく : 수학　　ふうせん : 풍선
ツール : 툴, 도구　　ルート : 루트

(4) え段의 장음 (え단+え, え단+い)

예) おねえさん : 누나, 언니　　せいかく : 성격
ケーキ : 케이크　　メール : 메일

(5) お段의 장음 (お단+お, お단+う)

예) こおり : 얼음　　いもうと : 여동생
ソース : 소스　　モーション : 모션

4. 한자(漢字)

앞으로 공부할 일본어의 문장을 이해하기 위하여 한자에 익숙해질 필요가 있다. 일본어를 표기할 때는 한자를 많이 이용하기 때문이다. 그런데, 일본어의 한자는 한국어보다 많이 복잡하다. 한국어의 한자는 한 글자를 일반적으로 한 음으로 읽고, 어쩌다가 두 음이나 세 음으로 읽는 경우가 있기는 하지만, 일본어의 한자는 같은 한자가 여러 가지로 읽히는 경우가 많다.

일본어의 한자읽기는 크게 두 가지로 나뉜다. 음독(音読)과 훈독(訓読)이라는 것이 그것이다. 음독이란 중국어식 음으로 읽는 방법인데 한국어에 있어서의 한자 읽기와 흡사한 방식이라고 생각하면 된다. 훈독은 일본 고유의 말에 의미가 서로 통하는 한자를 대입시킨 것으로 일본어 한자읽기의 독특한 방법이라고 할 수 있다.

음독은 다른 한자와 결합하여 단어를 구성하는 경우가 많고, 훈독은 그 자체가 단어인 경우가 많다. 가끔 이들이 섞여서 쓰이기도 한다. 음독과 훈독의 예를 약간 제시한다.

한자의 예	음독	음독의 예	훈독	훈독의 뜻
音(음)	おん	音楽(おんがく)	おと	소리
花(화)	か	開花(かいか)	はな	꽃
金(금)	きん	金庫(きんこ)	かね	돈
空(공)	くう	空気(くうき)	そら	하늘
犬(견)	けん	愛犬(あいけん)	いぬ	개
口(구)	こう	人口(じんこう)	くち	입
月(월)	げつ	月末(げつまつ)	つき	달
山(산)	さん	富士山(ふじさん)	やま	산
手(수)	しゅ	握手(あくしゅ)	て	손
家(가)	か	家屋(かおく)	いえ	집

5. 오쿠리가나

오쿠리가나란 단어를 뜻으로 읽는 훈독에서 골격이 되는 어간과 같은 주요 부분은 한자로 표기하고 문법적인 기능을 나타내는 어미 부분은 가나로 표기하는데 이와 같이 한자 다음으로 내보내는 가나를 오쿠리가나라고 한다.

오쿠리가나를 표기하는 방법은 원칙이 정해져 있는데, 본 교재도 오쿠리가나 표기법을 준수하고 있으니 단어를 학습하면서 익혀 가면 된다. 여기에서는 개념만 미리 알아두도록 한다.

오쿠리가나는 여러 가지의 품사에 적용이 되는데 아래의 밑줄 친 부분이 오쿠리가나이다.

오쿠리가나의 예			
품사	단어	읽기	뜻
명사	幸せ	しあわせ	행복
명사	動き	うごき	움직임
형용사	甘い	あまい	달다
형용사	美味しい	おいしい	맛있다
형용사	静かだ	しずかだ	조용하다
형용사	柔らかだ	やわらかだ	부드럽다
동사	話す	はなす	말하다
동사	食べる	たべる	먹다
동사	来る	くる	오다
부사	全て	すべて	전부

제5과 わたしは さとうです

<1월 : お節料理(せちりょうり) : 명절요리, 주로 설날요리>

【학습 포인트】

명사문 ~です

명사의문문 ~ですか

명사부정문 ~ではありません

【Key Sentence】

私(わたし)は 佐藤(さとう)です。 (저는 사토입니다)

佐藤(さとう)さんも 学生(がくせい)ですか。 (사토씨도 학생입니까?)

私(わたし)は 学生(がくせい)ではありません。 (저는 학생이 아닙니다)

본문

佐藤(さとう)：はじめまして。私(わたし)は　佐藤(さとう)です。

鈴木(すずき)：はじめまして。私(わたし)は　鈴木(すずき)です。

よろしく　お願(ねが)いします。

佐藤(さとう)：こちらこそ、よろしく　お願(ねが)いします。

鈴木(すずき)さんは　学生(がくせい)ですか。

鈴木(すずき)：はい、そうです。

私(わたし)は　学生(がくせい)です。

佐藤(さとう)さんも　学生(がくせい)ですか。

佐藤(さとう)：いいえ、私(わたし)は　学生(がくせい)ではありません。

私(わたし)は　事務員(じむいん)です。

패턴연습

1. ~は ~です。

「は」가 「은, 는」에 해당하는 조사로 사용될 경우에는 [ha]로 읽지 않고 [wa]로 읽는다. 「です」는 가장 기본적인 명사문을 만드는 조동사로 「입니다」에 해당하는 공손한 문장을 만든다. 일본어로 문장을 끝낼 때는 동그라미(。)를 쓰는 것이 기본이다.

① 私(わたし)は 佐藤(さとう)です。 (저는 사토입니다)

② 私(わたし)は 鈴木(すずき)です。 (저는 스즈키입니다)

③ 私(わたし)は 事務員(じむいん)です。 (저는 사무원입니다)

2. ~ですか。

「ですか」는 「입니까?」에 해당하는 가장 기본적인 명사의문문으로 「です」에 의문종조사 「か」만 붙이면 된다. 일본어는 「か」가 의문문이라는 것을 나타내고 있기 때문에 문장 끝에 굳이 의문부호(?)를 붙이지 않는다.

① 鈴木(すずき)さんは 学生(がくせい)ですか。 (스즈키씨는 학생이에요?)

② これは 本(ほん)ですか。 (이것은 책이에요?)

③ キムさんは 学生(がくせい)ですか。 (김씨는 학생입니까?)

3. ~ではありません。 (=~じゃありません)

기본적인 명사부정을 나타내는 구문으로 「~이 아닙니다」에 해당한다. 「では」는 [dewa]로 읽는다. 대화문에서는 대화체인 「~じゃありません」으로 변형되어 사용되는 경우가 많다.

① 私(わたし)は 学生(がくせい)ではありません。 (저는 학생이 아닙니다)

② 彼(かれ)は 先生(せんせい)じゃありません。 (그는 선생님이 아닙니다)

③ 彼女(かのじょ)は 洋子(ようこ)さんじゃありません。 (그녀는 요코씨가 아닙니다)

4. ~も

「~도」에 해당하는 조사로 한국어와 용도가 거의 같다. 따라서 특별히 어려운 구문은 아니다.

① 佐藤(さとう)さんも 学生(がくせい)ですか。 (사토씨도 학생입니까?)

② はい、私(わたし)も 学生(がくせい)です。 (예, 저도 학생입니다)

③ 洋子(ようこ)さんも 大学生(だいがくせい)です。 (요코씨도 대학생이에요)

5. はい、そうです

「예」「네」에 해당하는 가장 기본적인 긍정의 응답사는 「はい」이다. 공손한 형태로 누구에게나 쓸 수 있다. 문장 중간에서 잠깐 쉬어갈 때의 쉼표는 기본적으로 점(、)을 사용한다.

① はい、私(わたし)は 学生(がくせい)です。 (예, 저는 학생입니다)

② はい、彼は 先生(せんせい)です。 (네, 그는 선생님이에요)

③ はい、田中(たなか)さんは 大学生(だいがくせい)です。 (예, 다나카씨는 대학생입니다)

6. いいえ、そうではありません

「いいえ」는 「아니오」에 해당하는 공손한 형태의 가장 기본적인 부정응답사이다. 공손한 형태이므로 누구에게나 쓸 수 있다.

① いいえ、そうではありません。 (아니오, 그렇지 않습니다)

② いいえ、私(わたし)は 学生(がくせい)ではありません。 (아뇨, 저는 학생이 아니에요)

③ いいえ、彼女(かのじょ)は 大学生(だいがくせい)じゃありません。
(아니오, 그녀는 대학생이 아닙니다)

단어집

私(わたし) 저, 나	これ 이것
は(wa) ~은, ~는	本(ほん) 책
佐藤(さとう) 사토	キム 김
です 입니다	彼(かれ) 그(사람)
も ~도	先生(せんせい) 선생님
学生(がくせい) 학생	彼女(かのじょ) 그녀
か ~까	洋子(ようこ) 요코
さん 씨	大学生(だいがくせい) 대학생
ではありません ~이(가) 아닙니다	田中(たなか) 다나카
はじめまして 처음 뵙겠습니다	いいえ 아니오
鈴木(すずき) 스즈키	
よろしく 잘	
お願(ねが)いします 부탁합니다	
こちら 이쪽	
こそ ~야 말로	
はい 예, 네	
そうです 그렇습니다	
事務員(じむいん) 사무원	

연습문제

1. 다음 한자의 히라가나 표기가 올바른 것을 찾으세요.

(1) 学生
① かくせい　② がくせえ　③ がくせい　④ がっせい

(2) 事務員
① じむいん　② しむいん　③ さむいん　④ じぶいん

(3) 彼女
① かのじょう　② かのじょ　③ かのぞ　④ かのぞう

2. 다음에 있는 한국어를 일본어로 표현해 보세요.

(1) 처음 뵙겠습니다.
= ________________________________。

(2) 예, 그렇습니다.
= ________________________________。

(3) 그녀는 대학생이 아닙니다.
= ________________________________。

일본이야기

【일본인의 성씨】

일본인의 성씨는 세계에서 가장 많습니다. 공식적으로 집계된 것만으로도 약 12만 개나 됩니다. 기본적으로 한자 두 글자 체계를 갖추고 있는데, 이름도 기본적으로는 두 글자 체계입니다. 따라서 일본인의 성명은 총 네 글자로 되어 있는 것이 가장 많습니다.

한국인은 기본적으로 성이 한 글자이고 이름이 두 글자이지요. 중국은 성이 하나이고 이름도 한 글자인 경우가 많습니다. 특히 중국인은 이름에 한 글자를 선호하는 경향이 있습니다. 역대 왕조의 이름도 한 글자인 왕조는 확고한 체제를 갖춘 왕조이고 두 글자 이상인 왕조는 혼란스러운 시기였던 경향이 있었습니다.

일본인은 하도 성씨가 많기 때문에 한자로 쓰면 일본인들조차도 읽지 못하는 경우가 허다합니다. 일본인의 성씨에서 가장 많은 베스트 10은 다음과 같습니다. 그런데 1위인 사토씨가 약 200만 명으로 일본 성씨에서 차지하는 비율은 2퍼센트가 되지 않습니다. 한국에서는 김씨가 약 1000만 명으로 전체 인구의 20퍼센트를 차지하는데 말이죠.

<일본인의 성씨 베스트 10>

순위	한글	한자	히라가나
1	사토	佐藤	さとう
2	스즈키	鈴木	すずき
3	다카하시	高橋	たかはし
4	다나카	田中	たなか
5	와타나베	渡辺	わたなべ
6	이토	伊藤	いとう
7	나카무라	中村	なかむら
8	야마모토	山本	やまもと
9	고바야시	小林	こばやし
10	가토	加藤	かとう

제6과 これは ほんです

＜2월 : 節分 : 입춘(2월4일경) 전날＞

【학습 포인트】

지시사 これ, それ, あれ, どれ

의문사 何(なん, なに)

소유격조사 の

【Key Sentence】

これは 本です。 (이것은 책입니다)

それは 何ですか。 (그것은 무엇입니까?)

あれは 田中さんの かばんですか。 (저것은 다나카씨의 가방입니까?)

본문

佐藤(さとう)：田中(たなか)さん、こんにちは。

田中(たなか)：あ、佐藤(さとう)さん、こんにちは。

それは 何(なん)ですか。

佐藤(さとう)：これは 私の 本です。

田中(たなか)：これも 佐藤(さとう)さんの 本ですか。

佐藤(さとう)：いいえ、それは 鈴木(すずき)さんの ノートです。

田中(たなか)：そうですか。

それじゃ、あれは 誰(だれ)の ノートですか。

佐藤(さとう)：あれは 私の ノートです。

田中(たなか)：あの 紫色(むらさきいろ)の かばんは 誰(だれ)の かばんですか。

佐藤(さとう)：あれは 鈴木(すずき)さんの かばんです。

패턴연습

1. 인사

한국어는 아무 때나 「안녕하세요?」라고 하면 되는데, 일본어는 영어와 마찬가지로 시간대에 따라 인사표현이 다르다. 아침인사는 「おはようございます」, 낮인사는 「こんにちは」, 저녁인사는 「こんばんは」라고 한다. 「こんにちは」「こんばんは」에 쓰인 「は」는 원래 조사였기 때문에 [wa]로 읽는다.

① おはようございます。 (안녕하세요?)

② こんにちは。 (안녕하세요?)

③ こんばんは。 (안녕하세요?)

2. これ

「これ」는 말하는 사람에게 가까운 「이것」을 나타내는 지시대명사이다.

① これは りんごです。 (이것은 사과입니다)

② これは バナナです。 (이것은 바나나입니다)

③ これは たまごです。 (이것은 계란입니다)

3. それ

「それ」는 듣는 사람에게 가까운 「그것」을 나타내는 지시대명사이다. 「だれ」「わたし」와 같은 용어는 한자로 쓰기도 하고 히라가나로 쓰기도 하니 익숙해질 수 있도록 한다.

① それは だれの 本(ほん)ですか。 (그것은 누구의 책입니까?)

② それは 佐藤(さとう)さんの 鉛筆(えんぴつ)です。 (그것은 사토씨의 연필입니다)

③ それは わたしの 弁当(べんとう)です。 (그것은 저의 도시락입니다)

4. あれ

「あれ」는 말하는 사람과 듣는 사람에게서 멀리 떨어져 있는 것을 가리킬 때 사용하는 「저것」이다.

① あれは 人参(にんじん)です。 (저것은 당근입니다)

② あれは 図書館(としょかん)です。 (저것은 도서관입니다)

③ あれは 富士山(ふじさん)です。 (저것은 후지산이에요)

5. どれ

「どれ」는 모르는 것을 물어볼 때 사용하는 「어느 것」에 해당하는 지시대명사이다.

① 佐藤(さとう)さんの かばんは どれですか。(사토씨의 가방은 어느 것입니까?)

② あなたの ボールペンは どれですか。(당신의 볼펜은 어느 것입니까?)

③ 日本語(にほんご)の テキストは どれですか。(일본어 교재는 어느 것입니까?)

6. 지시사

어떤 것을 가리키면서 하는 말을 지시사(指示詞)라고 하는데, 위에서 본 「これ, それ, あれ, どれ」처럼 주어로 쓸 수 있는 지시대명사와 「この, その, あの, どの」처럼 단순하게 어떤 것을 가리키기만 할 뿐 주어가 될 수 없는 지시사를 포함한다.

일본어의 지시사는 한국어의 지시사와 그 용법이 비슷하지만 용법 면에서 다른 것도 있다. 특히 「あ」 계통의 지시사는 기본적으로 한국어의 「저」 계통에 속하지만, 실제 사용에서 「그」 계통의 지시사로 쓰이는 경우도 있다는 것을 이해해 두도록 한다.

◇ 지시사(指示詞) ◇

	근칭	중칭	원칭	부정칭
사 물	これ 이것	それ 그것	あれ 저것	どれ 어느 것
장 소	ここ 여기	そこ 거기	あそこ 저기	どこ 어디
방 향	こちら 이쪽	そちら 그쪽	あちら 저쪽	どちら 어느 쪽
지 시	この 이	その 그	あの 저	どの 어느

7. 소유격조사 「の」

「の」는 소유격조사이다. 한국어는 「~의」를 생략하는 경우가 많지만, 일본어는 명사와 명사를 연결할 때 연결고리인 「の」를 사용하는 것이 기본이므로 주의하도록 한다.

① これは 私の 辞書(じしょ)です。 (이것은 제 사전입니다)

② それは 田中(たなか)さんの 携帯(けいたい)です。 (그것은 다나카씨의 휴대폰입니다)

③ あれは 学校(がっこう)の 図書館(としょかん)です。 (저것은 학교 도서관입니다)

8. 의문사 「何」

「何」는 의문사인데 「무엇」이라는 뜻이다. 읽기가 「なん」과 「なに」로 크게 나뉘는데 뒤에 오는 음의 영향을 받는다. 법칙을 찾아내려고 하는 것보다 문장을 통해 익숙해지도록 하는 것이 좋다.

① これは 何(なん)ですか。 (이것은 무엇입니까?)

② つつじは 何色(なにいろ)ですか。 (진달래는 무슨 색이에요?)

③ あれは 何(なん)の 建物(たてもの)ですか。 (저것은 무슨 건물이에요?)

단어집

これ 이것
本(ほん) 책
それ 그것
あれ 저것
どれ 어느 것
何(なん、なに) 무슨, 무엇
の ~의(소유격조사)
田中(たなか) 다나카
かばん 가방
こんにちは 안녕하세요?
ノート 노트, 공책
それじゃ(=それでは) 그러면
誰(だれ) 누구
紫色(むらさきいろ) 보라색
りんご 사과
バナナ 바나나
たまご 계란

鉛筆(えんぴつ) 연필
弁当(べんとう) 도시락
人参(にんじん) 당근
図書館(としょかん) 도서관
富士山(ふじさん) 후지산
あなた 당신
ボールペン 볼펜
日本語(にほんご) 일본어
テキスト 텍스트, 교재
辞書(じしょ) 사전
携帯(けいたい) 휴대폰
学校(がっこう) 학교
つつじ 진달래, 철쭉
何(なん)の 무슨
建物(たてもの) 건물

연습문제

1. 다음 한자어를 히라가나로 맞게 표기한 것을 찾으세요.

(1) 辞書
① じしょ ② じしょう ③ じそ ④ じじょん

(2) 建物
① けんぶつ ② けんむつ ③ たてもの ④ たでもの

(3) 図書館
① とうしょかん ② としょかん ③ としょうかん ④ とうしょうかん

2. 다음의 (　　) 안에 적절한 일본어를 쓰시오.

(1) A：これは あなたの 本ですか。
B：はい、(　　　　) 私の 本です。

(2) A：それは 何の 本ですか。
B：(　　　　) 日本語の 本です。

(3) A：あれは だれの ノートですか。
B：(　　　　) 田中さんの ノートです。

제7과 いま なんじですか

＜3월 : 雛祭り(ひなまつり) : 히나축제, 3월3일의 여자 어린이날＞

【학습 포인트】

한자식 숫자표현

시간표현

가격표현

【Key Sentence】

授業(じゅぎょう)は 何時(なんじ)からですか。 (수업은 몇 시부터예요?)

今(いま) 5時(ごじ)です。 (지금 다섯 시입니다)

あれは いくらですか。 (저것은 얼마입니까?)

본문

高橋(たかはし)：渡辺(わたなべ)さん、今(いま) 何時(なんじ)ですか。

渡辺(わたなべ)：今(いま) 8時(はちじ)です。

高橋(たかはし)：授業(じゅぎょう)は 何時(なんじ)からですか。

渡辺(わたなべ)：9時(くじ)から 12時(じゅうにじ)までです。

高橋(たかはし)：昼時間(ひるじかん)は 何時間(なんじかん)ですか。

渡辺(わたなべ)：12時(じゅうにじ)から 1時(いちじ)まで 1時間(いちじかん)です。

高橋(たかはし)：そうですか。学食(がくしょく)は いくらですか。

渡辺(わたなべ)：だいたい 500円(ごひゃくえん)ぐらいですね。

でも、うどんは 300円(さんびゃくえん)です。

高橋(たかはし)：ラーメンは どうですか。

渡辺(わたなべ)：ラーメンは 250円(にひゃくごじゅうえん)です。

패턴연습

1. 今 何時ですか。

「몇 시」라고 시간을 물어볼 때는 「何時(なんじ)」를 사용한다. 「何」는 읽기가 「なん」과 「なに」가 있지만, 「何時(なんじ)」를 「何時(なにじ)」라고는 읽지 않는다.

① 今 何時ですか。 (지금 몇 시예요?)

② 昼時間(ひるじかん)は 何時からですか。 (점심시간은 몇 시부터예요?)

③ 授業(じゅぎょう)は 何時までですか。(수업은 몇 시까지입니까?)

2. 한자식 숫자표현1 <1에서 10까지>

일본어로 숫자를 표현하는 방식은 한국어와 마찬가지로 두 가지가 있다. 하나는 한자식으로 읽는 방식이고 또 하나는 고유어로 읽는 방식이다. 한자식이 고유어식보다 읽기가 간편하고 익히기가 쉽다. 먼저 1에서 10까지의 한자식 숫자표현을 연습하도록 한다.

1	2	3	4	5
いち	に	さん	し、よん、よ	ご
6	7	8	9	10
ろく	しち、なな	はち	く、きゅう	じゅう

3. 한자식 숫자표현2 <11에서 20까지>

「11」부터는 단위와 숫자를 조합하여 표현하면 된다. 먼저 11에서 20까지를 보면 다음과 같다.

11	12	13	14	15
じゅういち	じゅうに	じゅうさん	じゅうし じゅうよん	じゅうご
16	17	18	19	20
じゅうろく	じゅうしち じゅうなな	じゅうはち	じゅうく じゅうきゅう	にじゅう

4. 한자식 숫자표현3 <10의 배수>

10부터 100까지의 숫자를 연습하자. 예를 들어 「111」은 「ひゃくじゅういち」라고 하면 된다.

10	20	30	40	50
じゅう	にじゅう	さんじゅう	よんじゅう (しじゅう)	ごじゅう
60	70	80	90	100
ろくじゅう	ななじゅう (しちじゅう)	はちじゅう	きゅうじゅう	ひゃく

5. 한자식 숫자표현4 <100 이상의 배수>

100 이상의 숫자는 다음과 같다. 10000의 경우 한국어는 「만」이라고 읽지만 일본어는 단위 자체는 「만」으로 동일해도 실제로 사용할 때는 「일만」이라고 하는 점에 주의한다.

100	ひゃく	百
1,000	せん	千
10,000	いちまん	一万
100,000	じゅうまん	十万
1,000,000	ひゃくまん	百万
10,000,000	いっせんまん	一千万
100,000,000	いちおく	一億

6. 시간표현

시간을 표현할 때는 한자식 숫자 뒤에 「時(じ)」를 붙이면 되는데, 특히 「4시, 7시, 9시」의 읽기에 주의한다. 시간표현을 할 때 한국어는 주로 고유숫자를 이용하지만 일본어는 한자숫자를 이용한다.

1時	2時	3時	4時	5時	6時
いちじ	にじ	さんじ	よじ	ごじ	ろくじ
7時	8時	9時	10時	11時	12時
しちじ	はちじ	くじ	じゅうじ	じゅういちじ	じゅうにじ

7. 8時です。

시간을 표현하는 연습을 하도록 하자. 「점심시간」은 「昼時間(ひるじかん)」이라고도 하고 「昼休(ひるやす)み」라고도 한다.

① 今 8時です。 (지금 여덟 시입니다)

② 3時から テストです。 (세 시부터 시험이에요)

③ 昼休(ひるやす)みは 12時からです。 (점심시간은 열두 시부터예요)

8. いくらですか。

가격을 물어볼 때는 「얼마」에 해당하는 「いくら」를 사용한다. 실제 회화에서는 「いくら」 앞에 공손한 접두사 「お」를 덧붙여서 「おいくらですか」라고 묻는 경우가 많다.

① 学食(がくしょく)は いくらですか。 (학식은 얼마예요?)

② その 服(ふく)は おいくらですか。(그 옷은 얼마예요?)

③ あの 野菜(やさい)は いくらですか。 (저 야채는 얼마입니까?)

9. 500円ぐらいです。

일본의 화폐단위는 「円(えん)」이다. 「ぐらい」는 대략적인 정도를 나타내는 말로 「くらい」라고 하는 경우도 많다. 직전에 있는 음이 「ん」일 때 「ぐらい」

가 되는 경향이 짙다.

① ジャージャーめんは 500円(ごひゃくえん)です。 (짜장면은 500엔입니다)

② チャーハンは 1000円(せんえん)です。 (볶음밥은 1000엔입니다)

③ うどんは 300円(さんびゃくえん)ぐらいです。 (우동은 300엔 정도예요)

10. ~から~まで

「から」는 「~부터, ~에서」라는 의미의 기점을 나타내고, 「まで」는 「~까지」라는 종점을 나타낸다. 같이 쓰이기도 하고 각각 따로따로 쓰이기도 한다.

① 授業(じゅぎょう)は 1時から 5時までです。 (수업은 1시부터 5시까지입니다)

② 昼時間(ひるじかん)は 12時から 1時までです。 (점심시간은 12시에서 1시까지예요)

③ 放送(ほうそう)時間は 7時から 9時までです。
(방송시간은 7시부터 9시까지입니다)

단어집

今(いま) 지금
何時(なんじ) 몇 시
授業(じゅぎょう) 수업
から 부터
いくら 얼마
まで 까지
昼時間(ひるじかん) 점심시간
時間(じかん) 시간
学食(がくしょく) 학식
だいたい 대략, 대개
円(えん) 엔
くらい(ぐらい) 정도
でも 하지만, 그러나
うどん 우동
ラーメン 라면
どう 어떻게

一(いち) 일
十(じゅう) 십
百(ひゃく) 백
千(せん) 천
万(まん) 만
億(おく) 억
テスト 시험, 테스트
昼休(ひるやす)み 점심시간
服(ふく) 옷
野菜(やさい) 야채, 채소
ジャージャーめん 짜장면
チャーハン 볶음밥
放送(ほうそう) 방송

연습문제

1. 괄호 안에 있는 표현을 히라가나로 써서 질문에 대답하시오.

(1) 授業は 何時からですか。 (10時)

< >

(2) その 服は おいくらですか。 (2500円)

< >

(3) 昼休みは 何時から 何時までですか。 (12時~1時)

< >

2. 숫자를 이용한 다음의 한국어를 일본어로 표현해 보시오.

(1) 학식은 500엔 정도입니다.

< >

(2) 이 옷은 3500엔이에요.

< >

(3) 수업은 9시부터 5시까지입니다.

< >

일본이야기

【「일본」이라는 국명】

일본이라는 나라의 공식 표기는 「일본국」입니다. 「일본」은 줄여서 쓰는 말인데 「니혼」 또는 「닛폰」으로 읽지요. 「니혼」은 관용적인 읽기이고, 「닛폰」은 좀 더 규칙적인 읽기입니다.

「일본」이라는 국호는 7세기 후반부터 사용되기 시작하였습니다. 처음에는 「닛폰」, 「짓폰」으로 읽히다가 시간의 흐름과 더불어 「니혼」이 일본 국내에서 관용적으로 읽히게 됩니다.

실제로 보면 일상생활에서는 「니혼」이 주로 쓰이고, 「닛폰」은 대외적인 경우에 주로 쓰이며 이때는 로마자로 「NIPPON」을 사용하는 경우가 많습니다. 그래서 일본의 우표에는 「NIPPON」이 사용되고 있고, 일본의 지폐에도 「NIPPON」이 사용되고 있으며 지폐발권자인 「日本銀行」도 「NIPPON GINKO」로 표기합니다. 또한 「닛폰」이 음성적으로 강렬함이 느껴지고 디자인적으로도 세련되게 보이기 때문에 국가간 대항의 스포츠 시합을 할 경우에는 대부분 「닛폰」을 사용하고, 로마자 표기로 「NIPPON」을 주로 쓰고 있습니다.

일본의 국호를 「일본국」이라고 할지 「일본」이라고 할지가 법령으로 정해져 있는 것은 아닙니다. 일본국 외무성에서 발급되는 여권의 표지에 「日本国」이라고 표기되어 있고, 일본공업규격도 「日本国」이라고 표기하며, 일본의 헌법도 「日本国憲法」이라고 표기하기 때문에 「日本国」을 공식 표기로 보는 것이지요. 「日本」은 「해가 떠오르는 곳」이라는 뜻입니다.

제8과 あかい はなです

＜4월 : 入学式(にゅうがくしき) : 입학식＞

【학습 포인트】

イ형용사문

イ형용사의 수식형, 부정형

형식명사 の

【Key Sentence】

バラは 赤(あか)いです。 (장미는 빨갛습니다)

この 赤(あか)い 花(はな)は チューリップです。 (이 빨간 꽃은 튤립입니다)

これは 私(わたし)のです。 (이것은 제 것입니다)

본문

田中(たなか)：この 花(はな)の 名前(なまえ)は 何(なん)ですか。

高橋(たかはし)：その 花は れんぎょうです。

田中(たなか)：あ、これが れんぎょうですか。

あれは 何(なん)の花ですか。

高橋(たかはし)：あれは チューリップです。

田中(たなか)：そうですか。たんぽぽは 赤いですか。

高橋(たかはし)：いいえ、たんぽぽは 赤くありません。きいろいです。

田中(たなか)：ところで、この本は 高橋(たかはし)さんのですか。

高橋(たかはし)：はい、その本は 私(わたし)のです。

田中(たなか)：この 青(あお)い バッグは 誰(だれ)のですか。

高橋(たかはし)：それは 佐藤(さとう)さんのです。

패턴연습

1. 赤い 花 (い형용사+명사)

형용사에는 い형용사와 な형용사 2종류가 있다. い형용사의 기본형은 어미가 「い」로 끝나는데, 명사를 수식할 때의 형태도 똑 같다. 「い형용사」라는 용어는 이와 같이 명사를 수식하는 형태인 연체수식형에서 비롯된 것이다. 따라서 い형용사가 명사를 수식할 때는 기본형을 그대로 명사에 연결하여 「~한+명사」를 나타낸다.

① この 赤(あか)い 花は バラです。 (이 빨간 꽃은 장미입니다)

② あの 高(たか)い 建物(たてもの)は 学校です。 (저 높은 건물은 학교입니다)

③ 彼の かばんは 青(あお)い 色(いろ)です。 (그의 가방은 파란색입니다)

2. 赤いです (い형용사+です)

い형용사를 공손하게 표현할 때는 기본형에 「です」를 직접 붙이면 된다.

① 佐藤(さとう)さんの 服(ふく)は 白いです。 (사토씨의 옷은 하얗습니다)

② れんぎょうは きいろいです。 (개나리는 노랗습니다)

③ 鈴木(すずき)さんの 携帯(けいたい)は 高いです。 (스즈키씨의 휴대폰은 비쌉니다)

3. これが れんぎょうですか。

한국어의 「이, 가」에 해당하는 일본어의 주격조사는 「が」이다. 기본적으로는 한국어와 일본어가 대응하지만 반드시 일치하는 것은 아니므로 문장을 통해 익숙해질 수 있도록 한다.

① これが 梅(うめ)の花です。 (이것이 매화꽃입니다)

② あの 赤(あか)い 花が つつじです。 (저 빨간 꽃이 진달래입니다)

③ 私は この パンが いいです。 (저는 이 빵이 좋습니다)

4. 赤くありません。 **(い형용사어간+くありません)**

い형용사의 공손한 부정형은 い형용사의 어미 「い」를 「く」로 바꾸고 「ありません」을 붙인다. 즉, 「~いです」가 「~くありません」으로 변형된다. い형용사의 공손한 부정형은 한 가지가 더 있는데 이것은 나중에 학습하게 된다.

① あの 食堂(しょくどう)の ご飯(はん)は おいしくありません。
(저 식당의 밥은 맛있지 않습니다)

② 今日(きょう)の 空(そら)は 青くありません。 (오늘 하늘은 파랗지 않습니다)

③ 彼の 話(はなし)は おもしろくありません。 (그의 얘기는 재미있지 않습니다)

5. 赤くて おいしいです。(い형용사어간+くて)

い형용사를 문장 중간에서 「~하고」라는 식으로 표현하고자 할 때는 い형용사의 어미 「い」를 「く」로 바꾸고 거기에 「て」를 붙여서 「~くて」라는 구문을 사용한다.

① トマトは 赤くて おいしいです。 (토마토는 빨갛고 맛있습니다)

② これは 安くて、あれは 高いです。 (이것은 싸고, 저것은 비쌉니다)

③ この 本は おもしろくて、いい本です。
(이 책은 재미있고 좋은 책입니다)

6. 私のです。 (명사 + の＜형식명사＞)

「の」는 형식명사로 자주 쓰인다. 명사류에는 바로 붙어 「~의 것」이라는 의미로 쓰이고, い형용사에는 기본형에 붙어 「~한 것」이라는 뜻으로 쓰인다.

① この 白い バッグは 高橋さんのです。
(이 하얀 백은 다카하시씨의 것입니다)

② あの 辞書は 誰のですか。 (저 사전은 누구의 것입니까?)

③ その きいろいのは たんぽぽです。(그 노란 것은 민들레입니다)

7. ところで

「ところで」는 어떤 이야기를 하다가 다른 이야기로 화제를 전환할 때 쓰는 접속사로 「그런데」「그건 그렇고」 등의 뜻을 나타낸다.

① ところで、この本は 田中(たなか)さんのですか。
(그런데, 이 책은 다나카씨의 것입니까?)

② ところで、今日(きょう)の 宿題(しゅくだい)は 何(なん)ですか。
(그런데 오늘 숙제는 무엇입니까?)

③ ところで、プレゼントは 何(なに)が いいですか。
(그건 그렇고, 선물은 뭐가 좋습니까?)

8. これは 誰のですか。

「誰(だれ)」는 「누구」에 해당하는 인칭대명사이다.

① あの人は 誰ですか。 (저 사람은 누구예요?)

② 今日の 担当(たんとう)は 誰ですか。 (오늘 담당은 누구죠?)

③ 誰が 一番(いちばん) ふさわしいですか。 (누가 가장 어울리나요?)

단어집

赤(あか)い 빨갛다
花(はな) 꽃
バラ 장미
チューリップ 튤립
の ~의 것 (형식명사)
名前(なまえ) 이름
れんぎょう 개나리
が 이, 가
何(なん)の 무슨
たんぽぽ 민들레
きいろい 노랗다
ところで 그런데
青(あお)い 파랗다
バッグ 백
誰(だれ) 누구
高(たか)い 높다, 비싸다
建物(たてもの) 건물
かばん 가방
服(ふく) 옷
白(しろ)い 하얗다
携帯(けいたい) 휴대폰
梅(うめ) 매화
つつじ 진달래, 철쭉
パン 빵
いい 좋다
食堂(しょくどう) 식당
ご飯(はん) 밥
おいしい 맛있다
空(そら) 하늘
話(はなし) 이야기
おもしろい 재미있다
トマト 토마토
安(やす)い 싸다
辞書(じしょ) 사전
宿題(しゅくだい) 숙제
プレゼント 선물
担当(たんとう) 담당
一番(いちばん) 가장
ふさわしい 어울리다

연습문제

1. 주어진 긍정과 부정에 맞추어 적절한 대답을 만드시오.

(1) たんぽぽは 赤いですか。

<はい、 >

(2) この本は 田中さんのですか。

<はい、 >

(3) 彼女の 服は 青いですか。

<いいえ、 >

2. 다음의 한국어를 일본어로 표현하시오.

(1) 이것은 빨갛지 않습니다.

< >

(2) 개나리는 노란 꽃입니다.

< >

(3) 그 빨간 것은 튤립입니다.

< >

(4) 토마토는 빨갛고 맛있습니다.

< >

(5) 저 사람은 누구예요?

< >

제9과 すてきな デザインですね

<5월 : こいのぼり : 잉어깃발>

【학습 포인트】

ナ형용사문

ナ형용사의 수식형, 부정형

연체사

【Key Sentence】

静(しず)かな 所(ところ)です。 (조용한 곳입니다)

すてきな デザインですね。(멋있는 디자인이군요)

小(ちい)さな アパートです。 (작은 아파트예요)

본문

田中(たなか)：あれは 新(あたら)しい 建物(たてもの)ですね。

中村(なかむら)：そうですね。すてきな デザインですね。

田中(たなか)：中村(なかむら)さんの 家(いえ)は 広(ひろ)いですか。

中村(なかむら)：いいえ、小(ちい)さな アパートです。

田中(たなか)：どんな 所(ところ)ですか。

中村(なかむら)：静(しず)かな 所です。近(ちか)くに 図書館(としょかん)も あります。

田中(たなか)：買(か)い物(もの)にも 便利(べんり)ですか。

中村(なかむら)：買い物には ちょっと 便利じゃありません。

でも、安くて いいです。

田中(たなか)：学校(がっこう)からも 近(ちか)いですか。

中村(なかむら)：いいえ、学校(がっこう)からは 少(すこ)し 遠(とお)いです。

패턴연습

1. すてきな デザインですね。 (な형용사+명사)

일본어의 형용사에는 「な형용사」라는 것이 있다. 「な형용사」의 기본형은 「すてきだ(멋있다)」와 같이 어미가 「~だ」이다. 「な형용사」라는 용어는 명사를 수식할 때의 형태에서 유래되었다. な형용사에 명사가 연결될 때는 な형용사의 어미 「だ」가 「な」로 바뀌어 명사를 수식하기 때문이다.

① これは 真っ赤(まっか)な 花ですね。 (이것은 새빨간 꽃이네요)

② 寮(りょう)は 静かで、安全(あんぜん)な 所が いいです。
(기숙사는 조용하고, 안전한 곳이 좋습니다)

③ ここは にぎやかな 町(まち)ですね。 (여기는 번화한 곳이네요)

2. 便利です。(な형용사어간+です)

「な형용사」의 공손한 문말표현은 な형용사의 어간에 명사와 마찬가지로 「です」를 붙여주면 된다.

① 買い物にも 便利です。 (장보기도 편리해요)

② この 食堂(しょくどう)は ちょっと 不便(ふべん)ですね。 (이 식당은 좀 불편하군요)

③ あの 歌手(かしゅ)は とても 綺麗(きれい)ですね。(저 가수는 아주 예쁘군요)

3. 便利ではありません。(な형용사어간+ではありません)

な형용사의 공손한 부정형은 명사와 같은 「ではありません」이다. 이것이 대화체에서는 「じゃありません」으로 표현되는 경우도 많다.

① この町(まち)は あまり 静かではありません。
(이 동네는 그다지 조용하지 않습니다)

② 3万円では 十分(じゅうぶん)じゃありません。 (3만엔으로는 충분하지 않습니다)

③ 日本語の 勉強(べんきょう)は そんなに 大変(たいへん)じゃありません。
(일본어 공부는 그렇게 힘들지 않습니다)

4. 小さな アパートです。

일본어에는 연체사라는 품사가 있다. 이것은 항상 고정된 형태로 체언(명사류)을 수식할 때만 사용되는 품사이다. 아래 문장에 쓰인 「小さな(작은)」 「大きな(큰)」 「おかしな(이상한)」와 같은 부류이다.

① 私の 家は 小さな アパートです。 (저의 집은 작은 아파트예요)

② 彼女の 家は 大(おお)きな マンションです。 (그녀의 집은 큰 맨션이에요)

③ それは ちょっと おかしな 話(はなし)ですね。 (그건 좀 이상한 얘기군요)

5. どんな 家ですか。

「こんな、そんな、あんな、どんな」, 「この、その、あの、どの」 등도 의미적으로는 지시사이지만, 품사로는 연체사에 포함된다.

① 私の 家(いえ)も こんな アパートです。 (저희 집도 이런 아파트예요)

② 私は あんな 服(ふく)は 好きじゃありません。
(저는 저런 옷은 좋아하지 않습니다)

③ この 本は とても 面白(おもしろ)いですね。 (이 책은 아주 재미있군요)

6. 新しい 建物ですね。

문장 끝에 사용하는 「ね」는 말하는 사람의 감정이나 느낌을 실어서 상대방에게 모종의 동의를 구하는 뉘앙스를 가진 종조사로 「~이네요, ~군요」 등의 뜻을 나타낸다.

① あれは すてきな 服(ふく)ですね。 (저것은 멋진 옷이네요)

② ここの ランチは とても おいしいですね。
(이곳의 런치는 아주 맛있군요)

③ 今日(きょう)は 暖(あたた)かいですね。 (오늘은 따뜻하네요)

단어집

すてきだ 멋있다
デザイン 디자인
静(しず)かだ 조용하다
所(ところ) 곳, 장소
小(ちい)さな 조그마한
アパート 아파트
あれ 저것
新(あたら)しい 새롭다
建物(たてもの) 건물
家(いえ) 집
広(ひろ)い 넓다
どんな 어떤
近(ちか)く 근처
図書館(としょかん) 도서관
買(か)い物(もの) 장보기, 쇼핑
便利(べんり)だ 편리하다
ちょっと 좀, 조금
でも 하지만, 그렇지만
学校(がっこう) 학교
近(ちか)い 가깝다
少(すこ)し 좀, 조금
遠(とお)い 멀다

真(ま)っ赤(か)だ 새빨갛다
寮(りょう) 기숙사
安全(あんぜん)だ 안전하다
にぎやかだ 번화하다
町(まち) 동네, 마을, 도시
食堂(しょくどう) 식당
不便(ふべん)だ 불편하다
歌手(かしゅ) 가수
綺麗(きれい)だ 예쁘다, 깨끗하다
十分(じゅうぶん)だ 충분하다
日本語(にほんご) 일본어
勉強(べんきょう) 공부
そんなに 그렇게
大変(たいへん)だ 힘들다
大(おお)きな 큰
マンション 맨션
おかしな 이상한
服(ふく) 옷
とても 아주, 매우
面白(おもしろ)い 재미있다
ランチ 런치
おいしい 맛있다
暖(あたた)かい 따뜻하다

연습문제

1. (　　) 안의 한국어에 해당하는 일본어를 표현하시오.

(1) あの 建物(たてもの)は (멋있는 :　　　　　　) デザインですね。

(2) 寮(りょう)は (안전한 :　　　　　　) 所が いいです。

(3) 私は (저런 :　　　　　　) 服は 好きじゃありません。

(4) この 町(まち)は あまり (조용하지 않습니다 :　　　　　　　　)。

(5) 日本語の 勉強は (그렇게 :　　　　　　) 大変じゃありません。

2. 밑줄 친 한자어의 읽기를 (　　) 안에 히라가나로 쓰시오.

(1) あの 歌手は とても 綺麗 (　　　　) ですね。

(2) 近くに 図書館 (　　　　) も あります。

(3) この 食堂 (　　　　) は ちょっと 不便ですね。

(4) 3万円では 十分 (　　　　) じゃありません。

(5) 今日 (　　　　) は 暖かいですね。

일본이야기

【「JAPAN」의 어원】

일본을 영어로 표기할 때는 Japan 이라고 하지요. 일본을 왜 Japan 이라고 하게 되었는지에 대해서는 여러 가지 설이 있습니다.

가장 일반적으로 알려져 있는 것은 이탈리아의 마르코 폴로가 동방견문록에서 일본을 가리켜 「황금의 나라 지팡구」라고 표현한데서 비롯되었다는 것입니다. 마르코 폴로는 중국의 원나라에서 관직에 올라 17년을 살았지요. 일본에 관한 얘기는 이때에 일본을 다녀온 적이 있는 중국인으로부터 전해들은 것으로 보입니다. 그중에서도 특히 현재의 이와테현에 있는 금으로 장식된 「츄손지곤지키도(中尊寺金色堂)」의 화려함을 전해 듣고 당시 이 지역에서 막대한 금이 산출되었던 것과 관련지어 황금의 나라라는 관념을 가지게 된 듯합니다. 그와 같은 개념이 동방견문록에서 일본을 묘사할 때에 사용되었고 유럽에 알려지게 되었다는 것입니다.

【中尊寺金色堂(ちゅうそんじこんじきどう)】

또한 Japan 에 관련해서는 중국의 남방지역에서 일본을 가리켜 부른 중국식 표현, 특히 광동어식 표현이 변화하였다고 보는 설도 있지요.

그러나, 가장 설득력이 있다고 생각되는 것은 일본을 「짓폰」이라고 읽은 적이 있었고, Japan 이 여기에서 비롯되었다고 보는 것입니다. 「짓폰」을 로마자로 표기하면 「JIPPON」이 됩니다. 여기에서 음운변화에 의해 「JAPAN」이 되었다고 볼 수 있는 것입니다.

「日本」을 영어로는 Japan, 프랑스어로는 Japon 이라고 합니다.

제10과 おんがくを ききます

＜6월 : 衣替え(ころもがえ) : 계절따라 옷갈아입기＞

【학습 포인트】

동사문

동사의 종류

동사의 활용

【Key Sentence】

私は 音楽(おんがく)を 聞(き)きます。 (저는 음악을 듣습니다)

新聞(しんぶん)は あまり 読みません。 (신문은 별로 읽지 않습니다)

本を 読むのが 好(す)きです。 (책을 읽는 것을 좋아합니다)

본문

渡辺(わたなべ)：中村(なかむら)さんは 音楽(おんがく)を 聞(き)きますか。

中村(なかむら)：はい、よく 聞きます。

しかし、英語(えいご)の 音楽は 聞きません。

渡辺(わたなべ)：そうですか。ドラマは 見ませんか。

中村(なかむら)：はい、ドラマは あまり 見ません。

映画(えいが)は たまに 見ます。

渡辺(わたなべ)：新聞(しんぶん)も 読みますか。

中村(なかむら)：ええ、でも 新聞は ちょっと 難しいですね。

渡辺(わたなべ)：それで、私は 新聞を あまり 読みません。

私は 本を 読むのが 好(す)きです。

中村(なかむら)：私は 漫画(まんが)が 大好(だいす)きです。

패턴연습

1. 동사의 종류

일본어의 모든 동사는 기본형이 「ウ단」으로 끝난다. 동사는 어미의 활용 형태에 따라 몇 가지의 종류로 나뉜다. 일본의 전통적인 학교문법에서는 주로 5종류로 나누는데, 외국인을 위한 교육에서는 주로 3종류로 분류하여 설명하는 경우가 많다.

【동사의 종류】

종류	어미 형태	단어의 예
1류동사	어미가 る로 끝나지 않는 것	言う：いう　：말하다 書く：かく　：쓰다 話す：はなす：이야기하다
	어미가 る로 끝나면서 바로 앞의 모음이 /a, u, o/인 것. 즉 イ단이나 エ단이 아닌 것.	かかる　：걸리다 売る：うる　：팔다 香る：かおる：향기 나다
	어미가 る로 끝나고 る 바로 앞의 모음이 /i, e/ 즉 イ단이나 エ단인 것 중에서 예외적으로 취급되는 동사	知る：しる　：알다 走る：はしる：달리다 茂る：しげる：우거지다 湿る：しめる：축축해지다
2류동사	어미가 る로 끝나면서 바로 앞의 모음이 /i, e/ 즉 イ단이나 エ단인 것	見る：みる　：보다 かける　：걸다
3류동사	어미변화가 불규칙한 것	来る：くる　：오다 する　：하다

2. 동사의 「ます형」

동사에 공손한 문말표현을 만드는 조동사 「ます」가 연결될 때는 동사의 형태가 변화한다. 이와 같은 어미의 변화를 「활용」이라고 하는데, 동사에 「ます」를 연결하면 동사의 형태가 다음과 같이 바뀐다. 이렇게 바뀌는 형태를 「ます형」이라고 한다. 「ます」의 부정형은 「~ません」이며 「~지 않습니다」라는 뜻을 나타낸다.

◎ 1류동사 : 어미 ウ단을 イ단으로 바꾸고 「ます」를 붙인다. 부정형인 「ません」의 경우도 마찬가지이다.

歌う + ます → 歌います

読む + ません → 読みません

◎ 2류동사 : 어미 る를 없애고 「ます」 또는 「ません」을 붙인다.

起きる + ます → 起きます

食べる + ません → 食べません

◎ 3류동사 : 형태가 불규칙하게 변한다.

くる + ます → きます

する + ます → します

① 新井(あらい)さんは 新聞を 読みますか。 (아라이씨는 신문을 읽습니까?)

② 鈴木(すずき)さんは 朝早く 起きます。 (스즈키씨는 아침 일찍 일어납니다)

③ 私は 毎日(まいにち) 運動(うんどう)を します。 (저는 매일 운동을 합니다)

3. 英語の 音楽は 聞きません。

「ます」의 부정형 「ません」을 이용한 예문이다. 부정형을 만드는 패턴은 한 가지가 더 있는데 이것은 부정형을 종합적으로 공부할 때 다시 나오게 된다.

① その パーティーに 私は 行きません。 (그 파티에 저는 가지 않습니다)

② 私は 辛(から)い ものは 食べません。 (저는 매운 것은 안 먹습니다)

③ 彼は なかなか 勉強を しません。 (그는 좀처럼 공부를 하지 않습니다)

4. 本を 読むのが 趣味(しゅみ)です。

동사가 명사류 즉 체언을 수식하는 연체수식형으로 사용될 때는 기본형 그대로 명사류에 연결하면 된다.

① 本を 読む 時は 静かな 部屋(へや)が いいです。
(책을 읽을 때는 조용한 방이 좋습니다)

② 忙(いそが)しくて ご飯を 食べる 時間も ありません。
(바빠서 밥을 먹을 시간도 없어요)

③ 一緒(いっしょ)に 勉強する 友達が 必要(ひつよう)です。
(같이 공부할 친구가 필요합니다)

5. はい、読みません。(はい＋부정 대답)

「~하지 않습니까?」라는 식으로 부정형으로 질문을 받았을 때는 한국어와 마찬가지로 「네, ~하지 않습니다」와 같이 대답한다.

① あなたは 雑誌(ざっし)を 読みませんか。 (당신은 잡지를 읽지 않습니까?)
はい、私は 雑誌を 読みません。 (네, 저는 잡지를 읽지 않습니다)

② 田中さんは 学生ではありませんか。 (다나카씨는 학생이 아닌가요?)
はい、彼は 学生ではありません。 (네, 그는 학생이 아니에요)

③ 彼女は 朝ごはんを 食べませんか。 (그녀는 아침밥을 먹지 않습니까?)
はい、彼女は 朝ごはんを 食べません。
(네, 그녀는 아침밥을 먹지 않습니다)

6. いいえ、行きます。(いいえ＋긍정 대답)

「~하지 않습니까?」라는 질문에 그 말을 부정하고 싶을 때는 한국어와 마찬가지로 「아니오, ~합니다」와 같이 대답한다.

① 明日も 学校へ 行きませんか。 (내일도 학교에 가지 않습니까?)
いいえ、明日は 学校へ 行きます。 (아뇨, 내일은 학교에 가요)

② 今日も 昼(ひる)ごはんを 食べませんか。 (오늘도 점심을 안 먹습니까?)
いいえ、今日は 食べます。 (아녜요, 오늘은 먹을 거예요)

③ あやかさんも 来ませんか。 (아야카씨도 안 와요?)
いいえ、あやかさんは 来ます。 (아녜요, 아야카씨는 옵니다)

7. 本を 読むのが 好きです。

「좋아하다」「싫어하다」와 같은 기호를 나타내는 말을 한국어로 표현할 때는 목적격조사 「을, 를」을 사용하지만, 일본어는 기본적으로 「が」를 쓰는 것이 원칙이다.

① 私は 彼女が とても 好きです。 (저는 그녀를 엄청 좋아합니다)

② 私は りんごジュースが 大好(だいす)きです。(저는 사과주스를 아주 좋아합니다)

③ アイスコーヒーより ホットコーヒーが 好きです。
(아이스커피보다 핫커피를 좋아합니다)

8. 人参が きらいです。

「싫어하다」에 해당하는 「きらいだ」도 「すきだ」와 마찬가지로 기본적으로 「が」를 사용하여 표현한다.

① 僕(ぼく)は 彼が きらいです。 (나는 개를 싫어합니다)

② 政治(せいじ)の 話が 大嫌(だいきら)いです。 (정치 이야기를 아주 싫어합니다)

③ 私は あなたの ことが 嫌(きら)いではありません。
(저는 당신을 싫어하지 않습니다)

단어집

音楽(おんがく) 음악
聞(き)く 듣다, 묻다
新聞(しんぶん) 신문
あまり 별로, 그다지
読(よ)む 읽다
好(す)きだ 좋아하다
よく 자주, 잘
英語(えいご) 영어
ドラマ 드라마
映画(えいが) 영화
たまに 가끔
ちょっと 조금
難(むずか)しい 어렵다
漫画(まんが) 만화
大好(だいす)きだ 아주 좋아하다
朝(あさ) 아침
早(はや)く 일찍
起(お)きる 일어나다
毎日(まいにち) 매일
運動(うんどう) 운동
パーティー 파티
辛(から)い 맵다
なかなか 좀처럼
趣味(しゅみ) 취미
部屋(へや) 방
忙(いそが)しい 바쁘다
必要(ひつよう)だ 필요하다
雑誌(ざっし) 잡지
朝ごはん 아침밥
明日(あした) 내일
今日(きょう) 오늘
昼ごはん 점심
彼女(かのじょ) 그녀, 여자친구
とても 아주, 매우
りんご 사과
アイスコーヒー 아이스커피
ホットコーヒー 핫커피
嫌(きら)いだ 싫어하다
僕(ぼく) 나 (남성용어)
彼(かれ) 그, 그이
政治(せいじ) 정치
大嫌(だいきら)いだ 아주 싫어하다

연습문제

1. 주어진 동사를 적절히 활용하여 (　　　) 안에 쓰시오.

(1) 新井(あらい)さんは 新聞を (　　　　) ますか。 (読む)

(2) 私は 日本の ドラマを (　　　　) ます。 (見る)

(3) 彼は 毎日 図書館に (　　　) ます。 (くる)

(4) 田中さんは 辛い ものを (　　　　) ません。 (食べる)

(5) 一緒に (　　　　　) 友達が 必要です。 (勉強する)

2. 다음 질문에 적당한 대답을 완성하시오.

(1) A : あなたは 雑誌を 読みませんか。
　　B : はい、私は 雑誌を (　　　　　　　　) 。

(2) A : 彼女は 朝ごはんを 食べませんか。
　　B : (　　　　) 、彼女は 朝ごはんを 食べません。

(3) A : あやかさんも 来ませんか。
　　B : いいえ、あやかさんは (　　　　　　　) 。

일본이야기

【영어가 된 일본어】

일본어에서 영어가 된 단어들이 많이 있습니다. 일본어에서 영어로 차용된 단어이지요. 앞에서 사진으로 본 sushi, sashimi, sukiyaki, shabushabu 외에도 들으면 금방 알 수 있는 다음과 같은 용어도 일본어에서 영어로 발전된 단어들입니다.

로마자 표기	한국어 뜻	일본어 표기	일본어 읽기
bonsai	분재	盆栽	ぼんさい
dango	경단	団子	だんご
enka	엔카	演歌	えんか
geisha	게이샤	芸者	げいしゃ
go	바둑	碁	ご
ikebana	꽃꽂이	生け花	いけばな
judo	유도	柔道	じゅうどう
karaoke	가라오케	空オケ	カラオケ
karate	가라테	空手	からて
katsudon	가쓰동	カツ丼	カツどん
kimono	기모노	着物	きもの
manga	만화	漫画	まんが
miso	된장	味噌	みそ
natto	낫토	納豆	なっとう
ninja	닌자	忍者	にんじゃ
origami	종이접기	折り紙	おりがみ
otaku	오타쿠	おたく	おたく
ramen	라면	ラーメン	ラーメン
sake	사케	酒	さけ
shogi	장기	将棋	しょうぎ
tatami	다다미	畳	たたみ
teriyaki	데리야키	照り焼き	てりやき
tofu	두부	豆腐	とうふ
tonkatsu	돈카쓰	豚カツ	トンカツ
udon	우동	うどん	うどん
wasabi	와사비	わさび	わさび

제11과 スカイツリーが　あります

<7월 : 七夕(たなばた) : 칠석>

【학습 포인트】

존재표현 ある

존재표현 いる

고유숫자 사용하기

【Key Sentence】

有名(ゆうめい)な　ものが　たくさん　あります。 (유명한 것이 많이 있습니다)

私の　家族(かぞく)は　東京(とうきょう)に　います。 (제 가족은 도쿄에 있습니다)

ベッドが　二(ふた)つも　あります。 (침대가 두 개나 있어요)

본문

金(キム)　：中村(なかむら)さん、東京(とうきょう)で 有名(ゆうめい)な ものは 何ですか。

中村(なかむら)：東京(とうきょう)で 有名な ものは たくさん あります。

最近(さいきん)は 東京スカイツリーが 有名です。

金(キム)　：東京タワーは どうですか。

中村(なかむら)：東京タワーも 前(まえ)から 有名ですね。

外国人(がいこくじん)には 浅草(あさくさ)も 人気(にんき)が あります。

金(キム)　：そうですか。いい 所(ところ)が たくさん ありますね。

中村(なかむら)さんの 家族(かぞく)は 東京に いますか。

中村(なかむら)：はい、私の 家族(かぞく)は 東京に います。

金さんの 家族(かぞく)は どこに いますか。

金(キム)　：私の 家族は ソウルに います。

家には 猫(ねこ)も います。とても 可愛(かわい)いですよ。

中村(なかむら)：私の 家には ワンちゃんが います。

ワンちゃんは ベッドが 二(ふた)つも あります。

패턴연습

1. 有名な ものが たくさん あります。

「있다」라는 존재를 나타내는 일본어의 표현은 「ある」와 「いる」라는 두 가지 방식이 있다. 「ある」는 무생물이나 식물의 존재를 나타내고, 「いる」는 동작성이 있는 생물의 존재를 나타낸다. 그러나, 동작성이 있다하더라도 단순한 존재만을 나타낼 때는 「ある」를 쓸 수도 있다. 「ある」의 공손한 형태는 「あります」이다.

① どこに 慶応(けいおう)大学が ありますか。 (어디에 게이오대학이 있습니까?)

② そこに あなたの 花瓶(かびん)が あります。 (거기에 당신 꽃병이 있습니다)

③ あそこに 座(すわ)る ところが あります。 (저기에 앉을 곳이 있습니다)

2. 家族は ソウルに います。

「いる」의 공손한 형태는 「います」이다. 「있다」와 관련하여 높임말인 「계시다」가 있는데 이것은 경어로 표현하는 것으로 다른 차원의 문제이다. 경어는 다음 단계에서 공부하게 된다.

① あなたの 家族は 韓国(かんこく)に いますか。 (당신 가족은 한국에 있나요?)

② 好きな 人が います。 (좋아하는 사람이 있습니다)

③ 江原(カンウォン)大学には まじめな 学生が いっぱい います。
(강원대학교에는 착실한 학생이 많이 있습니다)

3. 家には 猫も います。

동물에게도 「いる」를 사용하여 존재를 표현하는 데에 익숙해지도록 연습한다.

① あなたの 家に ペットが いますか。 (당신 집에 애완용 동물이 있나요?)

② あそこに かわいい 鳥(とり)が います。 (저기에 귀여운 새가 있습니다)

③ 池(いけ)の 中(なか)に きれいな 金魚(きんぎょ)が います。
(연못 안에 예쁜 금붕어가 있습니다)

4. 東京スカイツリーが 有名です。

어떤 특정한 것을 지정해서 말하고자 할 때는 「が」를 사용하여 강조한다.

① 浅草(あさくさ)が 人気(にんき)が あります。 (아사쿠사가 인기가 있습니다)

② 最近(さいきん)は あの ガールズグループが 有名です。
(최근에는 저 걸그룹이 유명합니다)

③ あの 方(かた)が 私の 先生です。 (저분이 저의 선생님입니다)

5. 外国人には 人気が あります。

「누구누구의 입장에서는」이라는 의미를 부여하고 싶을 때는 「~には」라는 구문을 사용한다.

① 外国人(がいこくじん)には 民族村(みんぞくむら)が 人気です。(외국인에게는 민속촌이 인기예요)

② そんなことは 私には できません。(그런 것은 저로서는 할 수 없습니다)

③ キムチは 日本人(にほんじん)には 辛(から)いですね。(김치는 일본인에게는 맵네요)

6. 고유숫자 익히기

앞에서 한자식 숫자를 공부하였는데, 여기에서는 고유숫자를 익히도록 한다. 현대한국어에서는 고유숫자로 하나에서 아흔아홉까지 셀 수 있는데, 현대일본어에서는 다음과 같이 하나에서 열까지를 고유숫자로 표현한다.

【고유숫자 (몇 개 : いくつ)】

하나	둘	셋	넷	다섯
ひとつ	ふたつ	みっつ	よっつ	いつつ
여섯	일곱	여덟	아홉	열
むっつ	ななつ	やっつ	ここのつ	とお

7. ベッドが　二つも　あります。

고유숫자를 표기할 때는 한자숫자와 더불어 사용되는 경우가 많으므로 같이 알아두도록 한다. 「몇 개」를 물어보고 싶을 때는 「いくつ(幾つ)」를 사용한다.

① プレゼントは　いくつ　必要(ひつよう)ですか。 (선물은 몇 개 필요하나요?)

② 私に　飲(の)み物(もの)が　二(ふた)つ　あります。 (저에게 마실 것이 두 개 있어요)

③ 虹(にじ)は　色(いろ)が　七(なな)つも　あります。 (무지개는 색깔이 일곱 개나 있어요)

8. いい　所が　たくさん　ありますね。

「たくさん」은 「많이」라는 뜻을 나타내는 부사인데, 전후 맥락을 보고 적절하게 번역하면 된다.

① 日本(にほん)には　観光地(かんこうち)が　たくさん　あります。
(일본에는 관광지가 많이 있습니다)

② あそこに　お客(きゃく)さんが　たくさん　いますね。 (저기에 손님이 많이 있군요)

③ 彼女(かのじょ)は　友(とも)だちが　たくさん　います。 (그녀는 친구가 많이 있어요)

9. とても 可愛いですよ。

「よ」는 문장 끝에 사용하는 종조사로서 말하는 사람의 기분을 실어주는 역할을 한다. 한국어의 「요」와 위치와 발음이 같기 때문에 높임말이라고 착각하여 자주 쓰는 경향이 있는데, 이 종조사는 일방적으로 정보를 제공하는 듯한 뉘앙스가 강하게 느껴지므로 꼭 필요할 때를 잘 가려서 사용해야 한다.

① それくらいは 私にも できますよ。 (그 정도는 저도 할 수 있어요)

② このゲームは なかなか 面白(おもしろ)いですよ。 (이 게임은 꽤 재미있어요)

③ あの店(みせ)の 果物(くだもの)が もっと 甘(あま)いですよ。 (저 가게의 과일이 더 달아요)

10. ワンちゃんが います。

「ちゃん」은 친밀감을 나타내는 접미사로서 주로 사람에게 붙여서 사용하는 호칭표현인데, 동물에 붙여서 사용하는 경우도 많이 있다.

① ユキちゃんは どこに いますか。 (유키는 어디에 있어요?)

② お兄(にい)ちゃん、それは 私の お菓子(かし)だよ。 (오빠야, 그건 내 과자야)

③ うちの ワンちゃんは とても 可愛(かわい)いです。
(우리 집 강아지는 아주 귀여워요)

단어집

東京(とうきょう)スカイツリー 도쿄스카이트리
ある 있다
いる 있다
有名(ゆうめい)だ 유명하다
たくさん 많이
家族(かぞく) 가족
ベッド 베드, 침대
二(ふた)つ 두 개
最近(さいきん) 최근, 요즈음
東京(とうきょう)タワー 도쿄타워
前(まえ) 앞, 전
外国人(がいこくじん) 외국인
浅草(あさくさ) 아사쿠사
人気(にんき) 인기
ソウル 서울
猫(ねこ) 고양이
とても 아주, 매우
可愛(かわい)い 귀엽다
ワンちゃん 강아지
花瓶(かびん) 꽃병
座(すわ)る 앉다
まじめだ 성실하다, 착실하다
いっぱい 가득, 많이
ペット 페트, 애완용 동물
鳥(とり) 새
池(いけ) 연못
金魚(きんぎょ) 금붕어
ガールズグループ 걸그룹
方(かた) 분
民族村(みんぞくむら) 민속촌
できる 할 수 있다
キムチ 김치
辛(から)い 맵다
プレゼント 선물
飲(の)み物(もの) 마실 것
虹(にじ) 무지개
色(いろ) 색깔
観光地(かんこうち) 관광지
お客(きゃく)さん 손님
ゲーム 게임
なかなか 꽤, 매우
面白(おもしろ)い 재미있다
店(みせ) 가게
果物(くだもの) 과일
もっと 더, 더욱
甘(あま)い 달다
お菓子(かし) 과자

연습문제

1. 다음의 존재를 나타내는 부분을 일본어로 표현하시오.

(1) 江原大学は どこに < 있습니까? : >。

(2) 学校に 猫(ねこ)が < 있습니다 : >。

(3) あそこに おいしい パンが < 있습니다 : >。

(4) あなたの ノートは 机(つくえ)の 上に < 있습니다 : >。

(5) 中村さんの 家族は どこに < 있습니까? : >。

2. 고유숫자를 사용하여 괄호 안의 한국어에 해당하는 표현을 히라가나로 쓰시오.

(1) あそこに 大きな 花が <세 개 : > あります。

(2) そこに テーブルが <몇 개 : > ありますか。

(3) ここに バナナが <다섯 개 : > あります。

(4) かばんの中に ミカンが <아홉 개 : > も あります。

(5) インスタントラーメンが <두 개 : > あります。

일본이야기

【일본의 라면】

라면은 이제 일본을 대표하는 음식의 하나가 되었습니다. 영어로도 일본어 발음을 따서 ramen(라멘)으로 표기하지요. 루트는 중국의 면요리인데, 일본에서 개량하여 일본음식이 되었습니다. 짜장면의 루트도 중국인데 지금은 한국을 대표하는 중국요리가 된 것처럼 말이죠.

일본은 전국 각지에 특색 있는 라면이 많습니다. 그중에서도 일본의 3대 라면으로 꼽히는 것은 홋카이도의 삿포로라면(札幌ラーメン), 후쿠오카현의 하카타라면(博多ラーメン), 후쿠시마현의 기타카타라면(喜多方ラーメン)입니다. 좀 생소하지요? 우리는 주로 라면의 종류로 인식하고 있으니까요.

국물의 종류로 라면을 분류하면 간장라면(しょうゆラーメン), 소금라면(しおラーメン), 된장라면(みそラーメン)이 대표가 되겠네요.

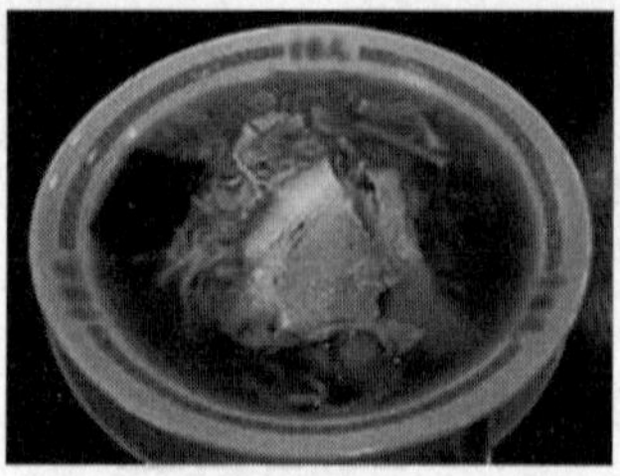

しょうゆラーメン

しおラーメン

みそラーメン

이밖에도 차슈멘(チャーシューめん), 돈코츠라면(とんこつラーメン) 등이 잘 알려져 있지요. 차슈멘은 라면 위에 차슈라는 편육 같은 돼지고기를 토핑해주는 라면이에요. 돈코츠라면은 돼지 사골 국물을 베이스로 한 라면으로 후쿠오카현의 하카타라면을 대표합니다.

일본에서 「라멘」이라고 하면 기본적으로 가게에서 요리해서 파는 생라면을 의미해요. 우리가 생각하는 집에서 끓여 먹는 라면은 「インスタントラーメン(인스턴트라면)」이라고 합니다. 컵라면은 「カップラーメン(컵라면)」 또는 「カップめん(컵면)」이라고 하지요.

제12과 ちずを もっています

<8월 : 夏(なつ)の甲子園(こうしえん) : 여름 고시엔야구대회>

【학습 포인트】

동사의 て형

위치표현

의지표현 ます

【Key Sentence】

地図(ちず)は 私が 持(も)っています。 (지도는 제가 가지고 있습니다)

駅(えき)の 前(まえ)に あります。 (역 앞에 있습니다)

ソウルを 案内(あんない)します。 (서울을 안내하겠습니다)

본문

花橋(はなばし)：中村さん、こんにちは。いい天気(てんき)ですね。

中村(なかむら)：そうですね。暖(あたた)かいですね。

花橋(はなばし)：今日は 私が ソウルを 案内します。

中村(なかむら)：地図(ちず)を 買いたいんですが、コンビニは どこですか。

花橋(はなばし)：駅(えき)の 前(まえ)に あります。

でも、地図(ちず)は 私が 持(も)っています。

中村(なかむら)：そうですか。私は 飲み物を 二つ 持ってきました。

ソウルでは バスが いいですか。

花橋(はなばし)：バスより 地下鉄(ちかてつ)が 便利(べんり)だと思います。

中村(なかむら)：料金(りょうきん)は どうですか。高(たか)いですか。

花橋(はなばし)：いいえ、そんなに 高くありません。

中村(なかむら)：あそこは 学校ですか。

花橋(はなばし)：いいえ、あれは 学校ではありません。市役所(しやくしょ)です。

中村(なかむら)：そうですか。花橋(はなばし)さんは ソウルに 詳(くわ)しいですね。

花橋(はなばし)：いいえ、そうでもありません。

패턴연습

1. ソウルを 案内します。

일본어 동사의 현재형은 현재뿐만 아니라 미래나 화자의 의지를 나타낼 수 있다. 동사의 성질에 따라 달라질 수 있는데 문법적으로 이해하기보다 내용을 보고 이해하는 것이 좋다.

① 私は みそラーメンを 食べます。(저는 된장라면을 먹겠습니다)

② その コンパには 私も 参加します。(그 모임에는 저도 참가하겠습니다)

③ 今日は ちょっと 早めに 寝ます。(오늘은 좀 빨리 자겠습니다)

2. 駅の 前に あります。

「前(まえ, 앞)」「後ろ(うしろ, 뒤)」「横(よこ, 옆)」와 같이 위치를 나타내는 용어는 위치를 나타내는 조사 「に(에)」와 더불어 사용된다.

① 建物の 後ろに 公園が あります。(건물 뒤에 공원이 있습니다)

② 学校の 近くに ゲーセンが あります。
(학교 가까이에 오락실이 있습니다)

③ デパートの 横に マートが あります。(백화점 옆에 마트가 있습니다)

3. 동사의 て형 (음편현상)

동사에 「て」가 연결되어 「~하고, ~해서, ~하니」와 같이 부사적으로 사용되는 경우가 많다. て의 연결은 기본적으로 ます형과 같은데, 동사의 종류에 따라서는 어미의 형태가 ます형에서 바뀌는 현상이 발생한다. 이와 같은 현상을 음편현상이라고 하는데, 대표적으로 「て형」이라고도 한다. 동사의 음편현상은 1류동사에서만 발생한다.

【동사의 「て형」 (음편현상)】

종 류	활용형태	예
1류동사	· 동사의 기본형이 う · つ · る로 끝날 경우 → って	うたう+て → うたって たつ+て → たって すわる+て → すわって
	· 동사의 기본형이 ぬ · ぶ · む로 끝날 경우 → んで	しぬ+て → しんで よぶ+て → よんで かむ+て → かんで
	· 동사의 기본형이 く로 끝날 경우 → いて	あるく+て → あるいて
	· 동사의 기본형이 ぐ로 끝날 경우 → いで	ぬぐ+て → ぬいで
	· 동사의 기본형이 す로 끝날 경우 → して	はなす+て → はなして
2류동사	· 동사의 ます형 + て	おきる+て → おきて たべる+て → たべて
3류동사	· 어미변화가 불규칙하지만, ます형과 동일하다	くる+て → きて する+て → して

4. 地図を 持っています。

위에서 본 바와 같이 현대일본어의 동사어미는 모두 9종류인데, 이 중에서 「す」로 끝나는 동사를 제외한 8종류에서 음편현상이 발생한다.

① 今日は カラオケで 歌を 歌って、帰(かえ)ります。
(오늘은 노래방에서 노래를 부르고, 집에 갈 거예요)

② 酒井(さかい)さんは 新聞を 読んで、朴さんは 雑誌を 読みます。
(사카이씨는 신문을 읽고, 박씨는 잡지를 읽습니다)

③ 案内所(あんないじょ)の 方(かた)に 聞いてください。 (안내소 분에게 물어보세요)

5. 彼に 話してください。

1류동사 중에서 기본형이 「す」로 끝나는 동사는 음편현상이 발생하지 않고 「ます형」과 동일하다. 또한, 1류동사의 「行く」는 예외적으로 「行く+て → 行って」가 된다.

① 私にも 話してください。 (저에게도 얘기해 주세요)

② 日曜日(にちようび)には 図書館(としょかん)に 行って 勉強します。
(일요일에는 도서관에 가서 공부합니다)

③ 明日は デパートに 行って、ショッピングをする つもりです。
(내일은 백화점에 가서 쇼핑을 할 생각이에요)

6. ご飯を 食べて、学校へ 行きます。

2류동사는 「て」와 접속할 때도 ます형과 동일하기 때문에 음편현상이 발생하지 않는다.

① 彼は 韓国に いて、奥さんは 日本に います。
(그는 한국에 있고, 부인은 일본에 있어요)

② 朝(あさ)8時に 起きて、ご飯を 食べます。
(아침 여덟시에 일어나서 밥을 먹습니다)

③ ご飯を 食べて 洗濯(せんたく)を します。 (밥을 먹고 빨래를 합니다)

7. 午後 2時に 来てください。

3류동사도 불규칙동사이긴 하지만 「て」와 접속할 때는 ます형과 동일하기 때문에 음편현상이 발생하지 않는다. ます형과 동일하다는 것은 ます에 접속할 때의 형태와 같다는 뜻이다.

① ちょっと 早めに 来(き)て、予習(よしゅう)してください。 (좀 일찍 와서 예습해 주세요)

② 練習(れんしゅう)しても うまく できません。 (연습해도 잘 안 됩니다)

③ その時は 運動をして 汗(あせ)を 流(なが)してください。
(그때는 운동을 해서 땀을 흘리세요)

단어집

地図(ちず) 지도
持(も)つ 갖다, 지니다, 들다
駅(えき) 역
前(まえ) 앞
ソウル 서울
案内(あんない)する 안내하다
天気(てんき) 날씨
暖(あたた)かい 따뜻하다
買(か)う 사다
コンビニ 편의점
飲(の)み物(もの) 마실 것
バス 버스
より 보다
地下鉄(ちかてつ) 지하철
便利(べんり)だ 편리하다
料金(りょうきん) 요금
高(たか)い 비싸다, 높다
市役所(しやくしょ) 시청
詳(くわ)しい 상세하다, 자세하다
みそラーメン 된장라면
コンパ 모임
参加(さんか)する 참가하다
ちょっと 좀, 조금
早(はや)めに 빨리
寝(ね)る 자다
後(うし)ろ 뒤
公園(こうえん) 공원
近(ちか)く 근처
ゲーセン 오락실
デパート 백화점
横(よこ) 옆
マート 마트
帰(かえ)る 집에 가다, 퇴근하다
案内所(あんないじょ) 안내소
日曜日(にちようび) 일요일
ショッピング 쇼핑
奥(おく)さん 부인, 사모님
起(お)きる 일어나다
予習(よしゅう)する 예습하다
練習(れんしゅう)する 연습하다
うまく 잘
汗(あせ) 땀
流(なが)す 흘리다

연습문제

1. 주어진 1류동사를 사용하여 て형의 문장을 만드시오.

(1) カラオケで 歌を（　　　　）、帰ります。(歌う)

(2) 今夜は 友達(ともだち)を（　　　　）、パーティーを します。(呼ぶ)

(3) 私は 毎日(まいにち)（　　　　）、学校へ 行きます。(歩く)

(4) 答(こた)える 時は（　　　　）、答えてください。(立つ)

(5) あそこに（　　　　）本を 読んでいる 人は 裕子(ゆうこ)さんです。(座る)

2. 주어진 2류동사와 3류동사를 사용하여 て형의 문장을 만드시오.

(1) 今日は 映画(えいが)を（　　　　）、友だちと 遊びました。(見る)

(2) 朝は パンを（　　　　）、コーヒーを 飲みます。(食べる)

(3) 夕(ゆう)べ（　　　　）、頭が 痛いです。(飲みすぎる)

(4) 田中さんが 遊びに（　　　　）、お酒を 飲みました。(来る)

(5) 夜は 1時間ぐらい 運動(うんどう)を（　　　　）、寝ます。(する)

제13과 ここは しずかではないですね

＜9월 : お月見(つきみ) : 달구경＞

【학습 포인트】

부정문 ない형

가정형 ~たら

의지표현 ~ようにする

【Key Sentence】

それは 私の 本ではないです。 (그것은 저의 책이 아닙니다)

ちょっと 寒(さむ)くないですか。 (좀 춥지 않습니까?)

まだ 来(こ)ないですね。 (아직 오지 않는군요)

본문

山下(やました)：それは　中村さんの　本ですか。

中村(なかむら)：いいえ、私の　本ではないです。金さんのです。

山下(やました)：そうですか。金さんは　まだ　来(こ)ないですね。

中村(なかむら)：朝寝坊(あさねぼう)を　したんでしょうか。

山下(やました)：そうじゃないと思います。さっき　電話(でんわ)が　ありましたから。

中村(なかむら)：じゃ、そろそろ　着(つ)きますね。

山下(やました)：ここは　ちょっと　寒くないですか。

中村(なかむら)：私は　大丈夫(だいじょうぶ)です。

それより、この駅(えき)は　きれいじゃないですね。

山下(やました)：ええ、それに　静かでもないです。

中村(なかむら)：金さんが　来たら、焼(や)き肉(にく)を　食べましょうか。

山下(やました)：私は　肉を　食べないんです。野菜(やさい)炒(いた)めにしませんか。

中村(なかむら)：それも　いいですね。お酒は　どうですか。

山下(やました)：お酒も　飲まないようにしています。

中村(なかむら)：へえ、まじめですね。

패턴연습

1. 명사의 ない형

부정을 나타내는 조동사는 「ない(~아니다)」이다. 기본형을 「ない」로 바꾼 부정형을 「ない형」이라고도 한다. 명사의 부정형은 단정의 조동사 「だ(~이다)」를 「ではない(~이 아니다)」로 바꾼다. 예를 들면, 「本だ」(책이다)에 「ない」를 붙이면 「本ではない」(책이 아니다)라는 부정형이 되는 것이다. 「ではない」는 「じゃない」로 바뀔 수 있다. 이 기본적인 「ない형」은 친한 사이에서 쓸 수 있는 보통체의 문장을 만들고, 여기에 조동사 「です」를 붙이면 공손한 문말표현이 된다. 즉, 「~ではないです」는 「~ではありません」과 의미적으로 같아진다.

① 彼は ガイドではないです。 (그는 가이드가 아니에요)
② 私の 本ではないです。 (제 책이 아니에요)
③ あそこは 市役所(しやくしょ)じゃないです。 (저기는 시청이 아닙니다)

2. な형용사의 ない형

な형용사는 어미 「だ(~하다)」를 「ではない(~하지 않다)」로 바꾸어 부정형을 만든다. 결국 명사와 な형용사의 부정형이 같아진다. 예를 들면, 「にぎやかだ」에 「ない」를 더하면 「にぎやかではない」(번화하지 않다)가 된다.

① ここは 静かではないですね。 (여기는 조용하지 않군요)
② ワシントンは にぎやかじゃないです。 (워싱턴은 번화하지 않습니다)

③ この 教室(きょうしつ)は あまり きれいじゃありませんね。

(이 교실은 그다지 깨끗하지 않군요)

3. い형용사의 ない형

い형용사의 부정형(ない형)은 い형용사의 어미 「い」를 「く」로 바꾸고 「ない」에 연결하여 「くない」의 형태를 만든다. 예를 들면, 「安い」에 「ない」를 붙이면 「安くない」(싸지 않다)라는 부정형이 된다. 이것은 보통형이기 때문에 상대방과의 관계에 따라서 조동사 「です」를 붙이면 공손한 표현이 된다. 즉, 「~くないです」는 형용사편에서 공부한 부정형 「~くありません」과 의미적으로 같아진다.

① 観光(かんこう)バスは 安くないです。 (관광버스는 싸지 않아요)

② 北海道(ほっかいどう)は 寒くないですか。 (홋카이도는 춥지 않습니까?)

③ この部屋(へや)は あまり 暖(あたた)かくないですね。

(이 방은 별로 따뜻하지 않군요)

4. 1류동사의 ない형

동사에 부정의 조동사 「ない」를 연결하면 동사의 종류에 따라 다른 형태로 변화한다. 먼저, 1류동사는 어미 「ウ단」을 「ア단」으로 바꾸고 「ない」를 붙인다. 즉, 「書く」에 「ない」를 붙이면 「書かない」(쓰지 않는다)가 된다. 동사의 경우도 「ない형」에 「です」를 붙이면 공손한 문말표현이 된다. 결국, 동사의 「~ないです」는 앞서 공부한 동사의 부정형 「~ません」과 의미적으로 같아진다.

① 彼は 全然(ぜんぜん) 本を 読まないです。 (그 사람은 전혀 책을 읽지 않아요)

② うそを 言わないでください。 (거짓말 하지 마세요)

③ 電車(でんしゃ)が まだ 着(つ)かないですね。 (전철이 아직 도착하지 않는군요)

5. 2류동사의 ない형

2류동사는 「食べる + ない → 食べない(먹지 않는다)」와 같이 어미 「る」를 없애고 「ない」를 붙여서 부정형을 만든다.

① 彼は 朝ごはんを 食べないです。 (그 사람은 아침밥을 먹지 않아요)

② 彼女は 映画(えいが)を ほとんど 見ないです。
(그녀는 영화를 거의 보지 않습니다)

③ 私は 朝早く 起(お)きないです。 (저는 아침 일찍 일어나지 않습니다)

6. 3류동사의 ない형

3류동사의 부정형은 불규칙하게 변화한다. 「くる」에 「ない」가 붙으면 「こない」(오지 않는다)가 되고, 「する」에 「ない」가 붙으면 「しない」(하지 않는다)가 된다. 특히 「来(く)る」의 부정형인 「来(こ)ない」는 한자는 같지만 읽기가 바뀌는 점에 주의한다.

① 彼は ほとんど 運動(うんどう)を しないです。
(그 사람은 거의 운동을 하지 않습니다)

② 彼女は コンパに 来(こ)ないと思いますよ。
(그녀는 모임에 안 올 거라고 생각해요)

③ 田中さんは まだ 来(こ)ないですね。(다나카씨는 아직 오지 않는군요)

7. 野菜炒めにしませんか。

「~にする」는 뭔가를 결정할 때 쓰는 표현으로 「~으로 하다」라는 뜻이다. 특히 메뉴를 선택하거나 정할 때 많이 사용한다.

① 今日の 昼ごはんは 何(なに)にしますか。(오늘 점심은 뭘로 할래요?)

② 飲み物は アイスコーヒーにします。
(마실 것은 아이스커피로 하겠습니다)

③ 私は パンと ジュースにします。(저는 빵과 주스로 할래요)

8. 金さんが 来たら、焼き肉を 食べましょうか。

「たら」는 동사의 ます형에 접속하여 가정이나 조건을 표현하는 조동사이다. 「て형」과 마찬가지로 동사의 종류에 따라서는 음편현상이 발생할 수 있다.

① 日本に 着(つ)いたら、電話してください。
(일본에 도착하거든 전화해 주세요)

② 彼女に 会ったら、よろしく 伝(つた)えてください。

(그녀를 만나거든 안부 전해 주세요)

③ 暇(ひま)だったら、遊びに 来てください。 (한가하면 놀러 오세요)

9. お酒を 飲まないようにしています。

「~ようにする」는 「~하도록 하다」라는 화자의 주도적인 의지를 나타내는 표현이다.

① 彼とは 口を利(き)かないようにしています。

(그 사람과는 말을 하지 않기로 하고 있어요)

② 毎日 新しい 単語(たんご)を 覚えるようにしています。

(매일 새로운 단어를 암기하도록 하고 있습니다)

③ 飲み過(す)ぎ、食べ過(す)ぎは しないようにしています。

(과음, 과식은 하지 않으려고 하고 있습니다)

단어집

静(しず)かだ 조용하다
寒(さむ)い 춥다
まだ 아직
朝寝坊(あさねぼう) 늦잠
朝寝坊をする 늦잠을 자다
さっき 아까
電話(でんわ) 전화
そろそろ 슬슬
着(つ)く 도착하다
ちょっと 좀, 조금
大丈夫(だいじょうぶ)だ 괜찮다
駅(えき) 역
それに 게다가
焼(や)き肉(にく) 불고기
肉(にく) 고기
野菜炒(やさいいた)め 야채볶음
お酒(さけ) 술
へえ 헤, 허, 허참
まじめだ 착실하다, 성실하다
ガイド 가이드, 안내
市役所(しやくしょ) 시청
ワシントン 워싱턴
にぎやかだ 번화하다
観光(かんこう)バス 관광버스
北海道(ほっかいどう) 홋카이도
部屋(へや) 방
あまり 별로
暖(あたた)かい 따뜻하다
全然(ぜんぜん) 전혀
映画(えいが) 영화
ほとんど 거의
起(お)きる 일어나다
運動(うんどう) 운동
アイスコーヒー 아이스커피
会(あ)う 만나다
よろしく 잘
伝(つた)える 전하다
暇(ひま)だ
시간이 나다, 여유롭다
遊(あそ)ぶ 놀다
口(くち)を利(き)く 말을 하다
毎日(まいにち) 매일
新(あたら)しい 새롭다
単語(たんご) 단어
覚(おぼ)える 기억하다, 암기하다
飲(の)み過(す)ぎ 과음
食(た)べ過(す)ぎ 과식

연습문제

1. 주어진 단어를 사용하여 명사와 형용사의 ない형 문장을 완성하시오.

(1) これは 私の (　　　　　　　) です。(本だ)

(2) この 店(みせ)の 服は (　　　　　　　) です。(高い)

(3) ここは あまり (　　　　　　　) ですね。(静かだ)

(4) 今日は (　　　　　　　) です。(暇だ)

(5) 彼の ギャグは 全然 (　　　　　　　) です。(おもしろい)

2. 주어진 단어를 사용하여 동사의 ない형 문장을 완성하시오.

(1) 私は 朝ごはんを (　　　　　　　) です。(食べる)

(2) 田中さんは 新聞を ほとんど (　　　　　　　) です。(読む)

(3) 彼女は 日記を (　　　　　　　) です。(書く)

(4) 彼は 予習を (　　　　　　　) です。(する)

(5) 彼女は まだ (　　　　　　　) ですね。(来る)

일본이야기

【일본의 온천】

일본은 온천이 참 많은 나라입니다. 일본의 온천법에 의하면 온천은 반드시 온도에 좌우되는 것은 아니지만, 일반적으로 25도 이상의 원천수를 온천이라고 합니다. 일본에는 약 3000여 곳의 온천이 있습니다.

유럽에서는 온천이 의료행위의 일환으로 인식되어 있는 경우가 많은데, 일본에서는 관광을 겸한 오락으로서의 기능이 더욱 돋보입니다. 그와 더불어 몸에도 좋다는 인식이 따라옵니다. 그래서 수학여행이나 단체여행의 행선지로 온천을 찾는 경우가 많지요. 남녀노소를 불문하고 좋아하는 사람이 많습니다.

역사적으로 가장 오래되었다고 여겨지는 일본의 3대 전통온천(日本三古湯：にほんさんことう)은 에히메현의 도고온천(道後温泉：どうごおんせん), 효고현의 아리마온천(有馬温泉：ありまおんせん), 와카야마현의 시라하마온천(白浜温泉：しらはまおんせん)을 꼽습니다.

道後温泉

有馬温泉

白浜温泉

일본 각지에는 유명한 온천지가 많이 있습니다. 일본의 관광경제신문이 2020년에 실시한 조사결과에 의하면, 가장 인기 있는 온천 1위는 군마현의 구사츠온천, 2위는 오이타현의 벳푸온천, 3위는 기후현의 게로온천이었습니다.

이 밖에도 가나가와현의 하코네온천, 홋카이도의 노보리베츠온천, 오이타현의 유후인온천, 시즈오카현의 아타미온천, 도치기현의 기누가와온천 등도 이름만 들어도 알만한 온천들입니다. 도쿄에도 오에도온센모노가타리라는 온천호텔리조트가 조성되어 있습니다. 일본을 방문할 때 참고할 수 있을 것 같군요.

제14과 しずかな まちでした

＜10월 : スポーツの日(ひ) : 스포츠의 날＞

【학습 포인트】

권유형 ~ましょう

명사의 과거형

활용어의 과거형

【Key Sentence】

屋台(やたい)で 一杯(いっぱい) 飲(の)みましょう。 (포장마차에서 한잔 합시다)

私の 故郷(ふるさと)は 静かな 町(まち)でした。 (제 고향은 조용한 곳이었어요)

とても 楽(たの)しかったです。 (아주 즐거웠습니다)

본문

吉岡(よしおか)：こんばんは。久(ひさ)しぶりですね。

高橋(たかはし)：そうですね。今日は 屋台(やたい)で 一杯(いっぱい) 飲みましょう。

吉岡(よしおか)：そうしましょう。あそこが いいですね。

高橋(たかはし)：吉岡さんは 故郷(ふるさと)に よく 行きますか。

吉岡(よしおか)：たまに 行きます。仕事(しごと)が 忙(いそが)しいですからね。

高橋さんの 故郷は どんな 所(ところ)でしたか。

高橋(たかはし)：静かな 町(まち)で、空気(くうき)も 爽(さわ)やかでした。

吉岡(よしおか)：何歳(なんさい)まで そこに いましたか。

高橋(たかはし)：高校(こうこう)を 卒業(そつぎょう)するまででした。とても 楽(たの)しかったです。

吉岡(よしおか)：私は 田舎(いなか)に 行っても 友達(ともだち)が ほとんど いません。

高橋(たかはし)：そうですよね。ほとんど 東京へ 行ってしまいますね。

吉岡(よしおか)：でも、時々(ときどき) 懐(なつ)かしくなる 時が あります。

패턴연습

1. 一杯 飲みましょう。 (동사의 권유형)

「~ましょう」는 「ます」의 권유형으로 「~합시다」에 해당한다. 「ます」의 권유형이므로 접속은 「ます형」과 동일하다.

① 今日は 今度(こんど)の 旅行(りょこう)について 話しましょう。
(오늘은 이번 여행에 대해 얘기합시다)

② 昼(ひる)ごはんは しょうゆラーメンに しましょう。 (점심은 간장라면으로 합시다)

③ 久しぶりに 映画(えいが)を 見に 行きましょう。 (오랜만에 영화를 보러 갑시다)

2. どんな 所でしたか。 (명사의 과거형)

명사에 사용되는 「です」의 과거형은 「でした」로 「~이었습니다」를 나타낸다.

① 私の 故郷(こきょう)は とても 静かな 所でした。
(제 고향은 아주 조용한 곳이었어요)

② これは ちょっと 難(むずか)しい 本でした。 (이것은 좀 어려운 책이었습니다)

③ なかなか 面白(おもしろ)い 番組(ばんぐみ)でした。 (꽤 재미있는 프로그램이었어요)

3. おもしろい 本ではありませんでした。 (명사의 과거부정형)

명사의 공손한 부정형인「ではありません」의 과거형은「ではありませんでした」이며「~이 아니었습니다」를 나타낸다.

① 田中さんは 去年(きょねん)は 大学生ではありませんでした。
(다나카씨는 작년에는 대학생이 아니었습니다)

② これは おもしろい 小説(しょうせつ)ではありませんでした。
(이것은 재미있는 소설이 아니었습니다)

③ 彼は まじめな 学生ではありませんでした。
(그는 착실한 학생이 아니었습니다)

4. 空気が さわやかでした。 (な형용사의 과거형, 과거부정형)

な형용사에 사용되는「です」와「ではありません」의 과거형은「でした」와「ではありませんでした」로 명사와 동일하다.

① 小田(おだ)さんの アパートは きれいでした。
(오다씨의 아파트는 깨끗하였습니다)

② 私は 彼が 好きではありませんでした。
(저는 그를 좋아하지 않았습니다)

③ 海辺(うみべ)は 空気が さわやかでした。 (해변은 공기가 상쾌하였습니다)

5. 高校を 卒業するまで いました。(동사의 과거형)

「ます형」은 일본어의 동사에서 현재나 미래의 일을 정중하게 묘사할 때 쓰는 현재·미래형이다. 「ます형」의 과거형은 「ました」로 「~였습니다」를 나타낸다.

① 彼女は 毎日 日本語を 勉強して、成功しました。
(그녀는 매일 일본어를 공부하여 성공하였습니다)

② 小林さんは ずっと アパートに いました。
(고바야시씨는 계속 아파트에 있었습니다)

③ どなたが 韓国を 案内しましたか。(어느 분이 한국을 안내하였습니까?)

6. 彼女は 家に いませんでした。(동사의 과거부정형)

「ます」의 부정형인 「ません」에 대한 과거부정형은 「ませんでした」이며, 「~지 않았습니다」라는 뜻이다.

① 昨日は 学校へ 行きませんでした。(어제는 학교에 가지 않았습니다)

② 試験勉強を あまり しませんでした。(시험공부를 별로 하지 않았습니다)

③ 今朝は ご飯を 食べませんでした。
(오늘 아침에는 밥을 먹지 않았습니다)

7. とても 楽しかったです。(い형용사의 과거형)

い형용사 기본형의 과거형은 어미 「い」가 「かった」로 바뀌어 「~이었다」를 나타낸다. 그리고 공손한 과거형은 기본형의 과거형에 です만 붙여주면 된다. 즉, 「たのしい(즐겁다)」를 과거형으로 하면 「たのしかった(즐거웠다)」가 되고, 여기에 です를 붙여 「たのしかったです(즐거웠습니다)」로 표현하면 공손한 과거형이 된다.

① 中間(ちゅうかん)テストは やさしかったです。(중간시험은 쉬웠습니다)

② 旅行(りょこう)は 楽しかったです。(여행은 즐거웠습니다)

③ ご飯は おいしかったです。(밥은 맛있었습니다)

8. 全然 楽しくなかったです。(い형용사의 과거부정형)

い형용사 기본형의 과거부정형은 어미 「い」가 「~くなかった」로 바뀌어 「~지 않았다」를 나타낸다. 즉, 「楽しい(즐겁다)」의 과거부정형은 「楽しくなかった(즐겁지 않았다)」이다. い형용사의 공손한 과거부정형은 「~くなかった」에 「です」만 붙이는 「~くなかったです」와 「~くありませんでした」라는 두 가지 패턴으로 「~지 않았습니다」를 표현한다.

① 中間テストは やさしくありませんでした。(중간시험은 쉽지 않았습니다)

② 旅行(りょこう)は 楽しくなかったです。(여행은 재미없었습니다)

③ ご飯は おいしくありませんでした。(밥은 맛이 없었습니다)

단어집

静(しず)かだ 조용하다
町(まち) 동네, 도시
屋台(やたい) 포장마차
一杯(いっぱい) 한잔
故郷(ふるさと) 고향
こきょう 라고도 읽음
楽(たの)しい 즐겁다
久(ひさ)しぶりだ 오래간만이다
仕事(しごと) 일, 직업
忙(いそが)しい 바쁘다
所(ところ) 곳, 장소
空気(くうき) 공기
爽(さわ)やかだ 상쾌하다
何歳(なんさい) 몇 살
高校(こうこう) 고교, 고등학교
卒業(そつぎょう)する 졸업하다
田舎(いなか) 시골
友達(ともだち) 친구
ほとんど 거의, 대부분
時々(ときどき) 때때로
懐(なつ)かしい 그립다
今度(こんど) 이번, 다음
旅行(りょこう) 여행
昼(ひる)ごはん 점심
しょうゆラーメン 간장라면
映画(えいが) 영화
ちょっと 좀, 조금
難(むずか)しい 어렵다
なかなか 꽤, 매우
面白(おもしろ)い 재미있다
番組(ばんぐみ) 프로그램
去年(きょねん) 작년
小説(しょうせつ) 소설
まじめだ 착실하다, 성실하다
好(す)きだ 좋아하다
海辺(うみべ) 해변
毎日(まいにち) 매일
成功(せいこう)する 성공하다
ずっと 줄곧, 여태
どなた 어느 분
案内(あんない)する 안내하다
試験(しけん) 시험
今朝(けさ) 오늘 아침
中間(ちゅうかん) 중간
テスト 테스트, 시험
やさしい 쉽다, 자상하다
おいしい 맛있다

연습문제

1. 주어진 명사문과 な형용사문을 과거형으로 만드시오.

(1) これは 面白い ＿＿＿＿＿＿＿＿＿＿。 (小説です)

(2) 彼は まじめな ＿＿＿＿＿＿＿＿＿＿。 (学生ではありません)

(3) 小田さんの アパートは ＿＿＿＿＿＿＿＿＿＿。 (きれいです)

(4) 私は 彼が ＿＿＿＿＿＿＿＿＿＿。 (好きではありません)

(5) 海辺は 空気が ＿＿＿＿＿＿＿＿＿＿。 (さわやかです)

2. 주어진 동사문을 과거형으로 만드시오.

(1) 彼女は 毎日 日本語を＿＿＿＿＿＿＿＿＿＿。 (勉強します)

(2) 小林さんは アパートに＿＿＿＿＿＿＿＿＿＿。 (いません)

(3) 今朝は ご飯を＿＿＿＿＿＿＿＿＿＿。 (食べません)

3. 주어진 い형용사문을 과거형으로 만드시오.

(1) 中間 テストは＿＿＿＿＿＿＿＿＿＿。 (やさしいです)

(2) 旅行は＿＿＿＿＿＿＿＿＿＿。 (楽しくないです)

(3) その話は＿＿＿＿＿＿＿＿＿＿。 (おもしろくありません)

제15과 りょこうに いきませんか

＜11월 : 文化の日(ぶんかのひ) : 문화의 날＞

【학습 포인트】

권유형 ~ませんか

의견표현 ~とおもいます

조수사 사용법 ①

【Key Sentence】

旅行(りょこう)に 行きませんか。 (여행 가지 않을래요?)

いいと思います。 (좋다고 생각합니다)

一回(いっかい) 見ておきます。 (한번 봐두겠습니다)

본문

田中(たなか)：今度(こんど)の休みに　旅行(りょこう)に　行きませんか。

佐藤(さとう)：ええ、そうしましょう。

田中(たなか)：どこか　行きたいところが　ありますか。

佐藤(さとう)：沖縄(おきなわ)に　行ってみたいですが、どうですか。

田中(たなか)：沖縄は　暖(あたた)かいから　私も　いいと思います。

佐藤(さとう)：じゃ、決(き)まりですね。

観光(かんこう)地図が　一枚(いちまい)　必要(ひつよう)でしょうね。

田中(たなか)：そうですね。私も　一回(いっかい)　見ておきます。

佐藤(さとう)：大きな　水族館(すいぞくかん)が　あると聞きましたが　知っていますか。

田中(たなか)：ええ、知っています。

私は　綺麗な　海が　特(とく)に　好きです。

佐藤(さとう)：そうですか。楽しみですね。

何曜日(なんようび)に　出発(しゅっぱつ)しましょうか。

田中(たなか)：金曜日(きんようび)が　いいと思います。

佐藤(さとう)：じゃ、木曜日(もくようび)の夜、もう一回　連絡(れんらく)しましょう。

패턴연습

1. 旅行に 行きませんか。

「~ませんか」는 「~하지 않을래요?」라는 식으로 상대방에게 뭔가를 권유할 때 쓰는 표현이다. 긍정형으로 묻는 것보다 부정형으로 묻는 것이 상대방의 의견을 더 존중하는 느낌이 든다.

① あの 建物(たてもの)を 借(か)りませんか。(저 건물을 빌리지 않을래요?)

② 今日は バドミントンを やりませんか。
(오늘은 배드민턴을 치지 않을래요?)

③ 映画(えいが)を 見に 行きませんか。(영화를 보러 가지 않을래요?)

2. いいと思います。

「~と思う」는 「~라고 생각하다」라고 자기 의견을 말할 때 쓰는 구문이다. 「と思う」 앞에는 「です」「ます」가 아닌 보통체를 사용한다.

① 明日からは 暖かくなると思います。
(내일부터는 따뜻해질 것이라고 생각합니다)

② 練習(れんしゅう)すれば 上手(じょうず)になると思います。
(연습하면 잘하게 될 것이라고 생각합니다)

③ この本は おもしろいと思います。(이 책은 재미있다고 생각합니다)

3. 조수사1

수사를 도와서 보조적인 역할을 하는 것이 조수사이다. 가장 일반적으로 쓰이는 조수사를 두 번에 나누어서 연습하도록 한다.

	~回(かい) 횟수	~冊(さつ) 책 · 노트	~人(にん) 사람	~台(だい) 자동차 · 기계	~枚(まい) 종이 · 우표
1	いっかい	いっさつ	ひとり	いちだい	いちまい
2	にかい	にさつ	ふたり	にだい	にまい
3	さんかい	さんさつ	さんにん	さんだい	さんまい
4	よんかい	よんさつ	よにん	よんだい	よんまい
5	ごかい	ごさつ	ごにん	ごだい	ごまい
6	ろっかい	ろくさつ	ろくにん	ろくだい	ろくまい
7	ななかい	ななさつ	ななにん (しちにん)	ななだい	ななまい (しちまい)
8	はっかい (はちかい)	はっさつ (はちさつ)	はちにん	はちだい	はちまい
9	きゅうかい	きゅうさつ	きゅうにん	きゅうだい	きゅうまい
10	じゅっかい	じゅっさつ	じゅうにん	じゅうだい	じゅうまい
何	なんかい	なんさつ	なんにん	なんだい	なんまい

4. 一回 見ておきます。

조수사를 사용할 때는 한자숫자가 주로 쓰이는데, 무성음으로 사작되는 조수사에 연결될 때는 「いち、ろく、はち、じゅう」에서 음운변화가 일어나는 경우가 많다.

① 本を 一冊(いっさつ) 買いました。 (책을 한 권 샀습니다)

② 新しい 車(くるま)を 一台(いちだい) 買いましょう。 (새 차를 한 대 삽시다)

③ 地図が 一枚(いちまい) 必要(ひつよう)です。 (지도가 한 장 필요합니다)

5. 女の人が 一人 います。

사람의 인원수를 표현할 때는 「한 명, 두 명」을 특히 주의하여 사용하여야 한다. 「한 명」은 「一人(ひとり)」, 「두 명」은 「二人(ふたり)」로 특수하게 읽기 때문이다. 단, 「일 인분」, 「이 인분」을 말할 때는 「一人前(いちにんまえ)」「二人前(ににんまえ)」라고 한다.

① あそこに 学生が 二人(ふたり) います。 (저기에 학생이 두 명 있습니다)

② パーティーには 五人(ごにん)が 来ると思います。
(파티에는 다섯 명이 올 것 같습니다)

③ チャンポンを 二人前(ににんまえ) お願(ねが)いします。 (짬뽕을 이 인분 부탁합니다)

6. 観光地図が 必要でしょうね。

「~でしょう」는 추측형으로 「~이겠지요」라는 뜻으로 사용되는데, 여기에 다른 종조사를 덧붙여서 화자의 기분을 더할 수 있다. 「~でしょうか」는 「~일까요?」라는 식으로 조심스럽게 상대방에게 묻는 표현이 되고, 「ね」를 덧붙여서 「~でしょうね」로 표현하면 화자의 추측성 의견을 상대방에게 확인하고자 하는 뉘앙스로 사용된다.

① 横浜は にぎやかでしょう。 (요코하마는 번화하겠지요)

② これ、食べてもいいでしょうか。 (이거 먹어도 될까요)

③ 彼女の 気に入るでしょうね。 (그녀의 마음에 들겠지요?)

7. 요일 표현

요일을 나타내는 표현은 일본어와 한국어가 똑 같다. 일본어는 주로 한자 표기를 한다는 차이가 있을 뿐이다. 「무슨 요일」은 「何曜日(なんようび)」를 사용한다.

일요일	월요일	화요일	수요일	목요일	금요일	토요일
日曜日	月曜日	火曜日	水曜日	木曜日	金曜日	土曜日
にちようび	げつようび	かようび	すいようび	もくようび	きんようび	どようび

8. 何曜日に 出発しましょうか。

① 月曜日から 授業が 始まります。 (월요일부터 수업이 시작됩니다)

② 水曜日の夜、合コンをしましょう。 (수요일 저녁에 미팅을 합시다)

③ 英語の テストは 土曜日に あります。 (영어 시험은 토요일에 있어요)

9. もう一回 連絡しましょう。

「もう」는 「이미, 벌써」 등을 나타내는 부사인데, 「더, 그 위에 또」라는 의미를 더하며 조수사와 더불어 사용되는 경우가 많다. 「もう一回(한 번 더)」「もう一杯(한 잔 더)」「もう一つ(하나 더)」「もう少し(좀 더)」「もう一人(한 사람 더)」와 같이 자주 사용된다.

① もう一杯 飲みましょう。 (한 잔 더 마십시다)

② もう少し ゆっくり 話してください。 (좀 더 천천히 말해 주세요)

③ もう一人 来ると思います。 (한 사람 더 올 거라고 생각합니다)

단어집

旅行(りょこう) 여행
一回(いっかい) 한번
今度(こんど) 이번, 다음
沖縄(おきなわ) 오키나와
暖(あたた)かい 따뜻하다
決(き)まり 결정
観光(かんこう) 관광
一枚(いちまい) 한 장
必要(ひつよう)だ 필요하다
一回(いっかい) 한 번
大きな(おおきな) 큰, 커다란
水族館(すいぞくかん) 수족관
知(し)る 알다
海(うみ) 바다
特(とく)に 특히
楽(たの)しみ 기대, 즐거움
何曜日(なんようび) 무슨 요일
出発(しゅっぱつ)する 출발하다
金曜日(きんようび) 금요일
木曜日(もくようび) 목요일
夜(よる) 밤
もう一回(いっかい) 다시 한 번
連絡(れんらく)する 연락하다

建物(たてもの) 건물
借(か)りる 빌리다
バドミントン 배드민턴
やる 하다
映画(えいが) 영화
明日(あした) 내일
練習(れんしゅう)する 연습하다
上手(じょうず)だ 잘하다
助数詞(じょすうし) 조수사
一冊(いっさつ) 한 권
買(か)う 사다
女(おんな)の人(ひと) 여자
二人(ふたり) 두 사람
チャンポン 짬뽕
横浜(よこはま) 요코하마
気(き)に入(い)る 마음에 들다
日曜日(にちようび) 일요일
月曜日(げつようび) 월요일
火曜日(かようび) 화요일
水曜日(すいようび) 수요일
土曜日(どようび) 토요일
合(ごう)コン 미팅
英語(えいご) 영어
ゆっくり 천천히

연습문제

1. 주어진 단어를 적당히 활용하여 (　　) 안에 쓰시오.

(1) 今日は バドミントンを (　　　　　) ませんか。 (やる)

(2) 日本語の 勉強は (　　　　　) と思います。 (おもしろい)

(3) 彼女の (　　　　　) でしょうね。 (気に入る)

(4) 地図が 一枚 (　　　　　) です。 (必要だ)

(5) 月曜日から 授業が (　　　　　) ます。 (始まる)

2. 주어진 한국어에 해당하는 표현을 조수사를 사용하여 (　) 안에 히라가나로 쓰시오.

(1) あそこに 大学生が (　　　　　) います。(한 명)

(2) 土曜日の 午後 (　　　　　) に どうですか。(네 시)

(3) 本を (　　　　　) 買いました。(다섯 권)

(4) 新しい 紙を (　　　　　) ぐらい 持ってきてください。(세 장)

(5) コンピューターを (　　　　　) 買いましょう。(두 대)

일본이야기

【일본의 유명 관광지】

일본은 관광자원이 많을 뿐만 아니라 그것을 잘 가꾸기도 합니다. 전국이 관광지화 되어 있다고 해도 과언이 아니지요. 일본은 매년 가장 인기 있는 관광지 랭킹을 발표합니다. 일본 관광업계가 2020년의 1년 동안에 찾은 방문객 숫자를 바탕으로 발표한 상위 50위까지를 행정구역으로 살펴보니 다음과 같이 11개 지역으로 묶을 수 있었습니다.

첫 번째는 1위에 뽑힌 기요미즈데라가 있는 교토부입니다. 교토가 가장 많이 선정이 되었는데, 후시미이나리타이샤, 긴카쿠지, 도게쓰쿄까지가 5위 안에 들어 있군요. 관광업계가 선정한 것은 어느 특정한 곳을 가리키고 있기 때문에 가깝고 유명한 곳을 루트를 정해서 관광하는 것이 좋습니다.

두 번째는 도쿄도입니다. 센소지가 2위에 뽑혔는데, 센소지보다는 아사쿠사로 더 많이 알려져 있는 곳이지요. 이 밖에 도쿄타워가 6위, 도쿄스카이쓰리가 10위에 랭크되어 있습니다.

세 번째는 유니버설스튜디오저팬이 7위에 랭크된 오사카입니다. 오사카에서는 이 밖에 도톤보리, 쓰텐카쿠, 오사카성 등이 선정되어 있습니다.

清水寺(きよみずでら)

浅草寺(せんそうじ)

ユニバーサルスタジオジャパン

이상의 세 지역 다음으로 인기 있는 곳은 이사카와현의 겐로쿠엔, 오키나와현의 고쿠사이도리, 가나가와현의 요코하마차이나타운, 홋카이도의 삿포로시계탑, 히로시마현의 이츠쿠시마신사, 도치기현의 닛코도쇼구, 나라현의 도다이지, 미에현의 이세신궁이 차지하였습니다.

제16과 なにを していますか

＜12월 : 大晦日(おおみそか) : 섣달그믐날＞

【학습 포인트】

진행형과 상태형

계속동사와 순간동사

조수사 사용법 ②

【Key Sentence】

勉強(べんきょう)を しています。 (공부를 하고 있습니다)

黒板(こくばん)に 書(か)いてあります。 (칠판에 쓰여 있습니다)

眼鏡(めがね)を かけています。 (안경을 쓰고 있습니다)

본문

森田(もりた)：吉田(よしだ)さん、今(いま) 何を していますか。

吉田(よしだ)：教室(きょうしつ)で 勉強しています。

森田(もりた)：図書館(としょかん)に 行きませんか。

吉田(よしだ)：大事(だいじ)な ことが 黒板(こくばん)に 書いてあります。

図書館には ちょっと 後(あと)で 行きます。

森田(もりた)：分かりました。待っています。

吉田(よしだ)：お待たせしました。外(そと)は 寒(さむ)いですね。

あの 眼鏡(めがね)を かけている 人は 誰(だれ)ですか。

森田(もりた)：中国語(ちゅうごくご)を 専攻(せんこう)している 友達です。

吉田(よしだ)：そうですか。かわいい 服(ふく)を 着(き)ていますね。

森田(もりた)：みかんが 三個(さんこ) あるんですが、食べませんか。

吉田(よしだ)：はい、ありがとうございます。

森田(もりた)：あ、あそこに 新聞(しんぶん)が 落(お)ちていますね。

吉田(よしだ)：僕(ぼく)が 片付(かたづ)けておきます。

패턴연습

1. 勉強を しています。

동사를 「~ている」의 형태로 활용하면 기본적으로 그 동작이 진행되고 있음을 나타내는 진행형 표현이 된다. 「~て」에 연결되므로 동사에 따라서는 음편현상이 발생할 수 있다.

① 田中さんは 今 何を していますか。
(다나카씨는 지금 무엇을 하고 있습니까?)

② あそこで 電話(でんわ)を かけています。 (저기에서 전화를 걸고 있습니다)

③ 小鳥(ことり)が 空(そら)を 飛(と)んでいます。 (작은 새가 하늘을 날고 있습니다)

2. 黒板に 書いてあります。

타동사를 「~てある」의 형태로 활용하면 기본적으로 그 동작이 완료되고 결과가 남아 있음을 나타내는 상태형 표현이 된다.

① コンサートの チケットは もう 買ってあります。
(콘서트의 티켓은 벌써 사 두었습니다)

② 材料(ざいりょう)は テーブルの 上に 出してあります。
(재료는 테이블 위에 꺼내 두었습니다)

③ 公演(こうえん)の 準備(じゅんび)は してあります。 (공연 준비는 해 두었습니다)

3. 眼鏡を かけている 人は 誰ですか。

동작이 순간적으로 끝나는 순간동사의 경우, 「~ている」의 형태로 결과상태의 문장을 만든다. 순간동사라는 것은 어떤 동작이 상대적으로 짧은 시간에 끝나고 그 동작의 결과가 오래 남아있는 동사를 말한다.

① あそこに 座(すわ)っている 学生は 誰ですか。
(저기에 앉아 있는 학생은 누구입니까?)

② 今日は すてきな 着物(きもの)を 着ていますね。
(오늘은 멋진 기모노를 입고 있네요)

③ 道端(みちばた)に お金(かね)が 落(お)ちていたら どうしますか。
(길가에 돈이 떨어져 있다면 어떻게 할 거예요?)

4. 中国語を 専攻しています。

자기의 전공을 표현하는 방법도 익혀두도록 하자.

① 私は 経済学(けいざいがく)を 専攻(せんこう)しています。(저는 경제학을 전공하고 있습니다)

② 私の 専攻は 心理学(しんりがく)です。(제 전공은 심리학입니다)

③ 私は 工学(こうがく)を 専攻している 友だちが 多(おお)いです。
(저는 공학을 전공하고 있는 친구가 많습니다)

5. 조수사2

일상생활에서 많이 활용되는 조수사를 사용한 표현의 두 번째이다. 「杯(はい)、本(ほん)」과 같이 읽기가 세 가지나 되는 것도 있으니 주의하도록 한다.

	~杯(はい) 마시는 것	~個(こ) 달걀・귤	~番(ばん) 순서	~本(ほん) 연필・병	~歳(さい) 연령
1	いっぱい	いっこ	いちばん	いっぽん	いっさい
2	にはい	にこ	にばん	にほん	にさい
3	さんばい	さんこ	さんばん	さんぼん	さんさい
4	よんはい	よんこ	よんばん	よんほん	よんさい
5	ごはい	ごこ	ごばん	ごほん	ごさい
6	ろっぱい	ろっこ	ろくばん	ろっぽん	ろくさい
7	ななはい	ななこ	ななばん	ななほん	ななさい
8	はっぱい	はっこ	はちばん	はっぽん	はっさい
9	きゅうはい	きゅうこ	きゅうばん	きゅうほん	きゅうさい
10	じゅっぱい	じゅっこ	じゅうばん	じゅっぽん	じゅっさい
何	なんばい	なんこ	なんばん	なんぼん	なんさい

6. みかんが 三個 あります。

조수사를 활용한 예문이다. 숫자 다음에 무성음이 올 경우에 「いち、ろく、はち、じゅう」의 끝 음이 바뀔 수 있으니 주의한다.

① 夕(ゆう)べは ビールを 三杯(さんばい)も 飲みました。

(어젯밤에는 맥주를 세 잔이나 마셨습니다)

② あそこから 六番目(ろくばんめ)の 席(せき)に 座(すわ)ってください。

(저기에서 여섯 번째의 자리에 앉아 주세요)

③ 朴(パク)さんは 二十八歳(にじゅうはっさい)です。 (박씨는 스물여덟 살이에요)

7. 片付けておきます。

「~ておく」는 「~해 두다」라는 뜻의 구문이다. 이것도 「~て」에 연결되므로 동사의 종류에 따라서는 음편현상이 발생할 수 있으니 주의한다.

① 教室(きょうしつ)の 掃除(そうじ)は 私が しておきます。

(교실 청소는 제가 해 두겠습니다)

② 果物(くだもの)と 野菜(やさい)は きれいに 洗っておきました。

(과일과 야채는 깨끗하게 씻어 두었습니다)

③ 本文(ほんぶん)を 五回(ごかい)くらい 読んでおきましょう。

(본문을 다섯 번 정도 읽어 둡시다)

단어집

勉強(べんきょう) 공부
黒板(こくばん) 칠판
眼鏡(めがね) 안경
かける 걸다, 쓰다. 끼다
教室(きょうしつ) 교실
大事(だいじ)だ 중요하다
後(あと) 뒤, 후
待(ま)たせる 기다리게 하다
外(そと) 밖
寒(さむ)い 춥다
誰(だれ) 누구
中国語(ちゅうごくご) 중국어
専攻(せんこう) 전공
かわいい 귀엽다
服(ふく) 옷
着(き)る 입다
みかん 귤
三個(さんこ) 세 개
新聞(しんぶん) 신문
落(お)ちる 떨어지다
僕(ぼく) 나 (남성어)
片付(かたづ)ける 정리하다
小鳥(ことり) 작은 새
空(そら) 하늘
飛(と)ぶ 날다
コンサート 콘서트
チケット 티켓
材料(ざいりょう) 재료
テーブル 테이블
出(だ)す 내다, 꺼내다
公演(こうえん) 공연
準備(じゅんび) 준비
座(すわ)る 앉다
すてきだ 멋지다
着物(きもの) 기모노, 옷
道端(みちばた) 길가
お金(かね) 돈
経済学(けいざいがく) 경제학
心理学(しんりがく) 심리학
工学(こうがく) 공학
多(おお)い 많다
ビール 맥주
席(せき) 자리
掃除(そうじ) 청소
野菜(やさい) 야채
本文(ほんぶん) 본문

연습문제

1. 주어진 단어를 이용하여 (　　　) 안에 진행형 표현을 만드시오.

(1) 田中さんは 今 何を (　　　　　)ますか。＜する＞

(2) あそこで　電話を (　　　　　) ます。＜かける＞

(3) 小鳥が　空を (　　　　　) ます。＜飛ぶ＞

(4) テレビを (　　　　　) 人は 私の 友だちです。＜見る＞

(5) 音楽を (　　　　　) 時は　幸(しあわ)せです。＜聞く＞

2. 주어진 단어를 이용하여 (　　　) 안에 상태형 표현을 만드시오.

(1) 材料は　テーブルの　上に (　　　　　) ます。＜出す＞

(2) ベンチに (　　　　　) 学生は　誰ですか。＜座る＞

(3) きれいな 着物を (　　　　　) 人は　ジナさんです。＜着る＞

(4) あそこに (　　　　　) のは　何ですか。＜書く＞

(5) 田中さんは 眼鏡を (　　　　　) ます。＜かける＞

제17과 いいことが あったそうです

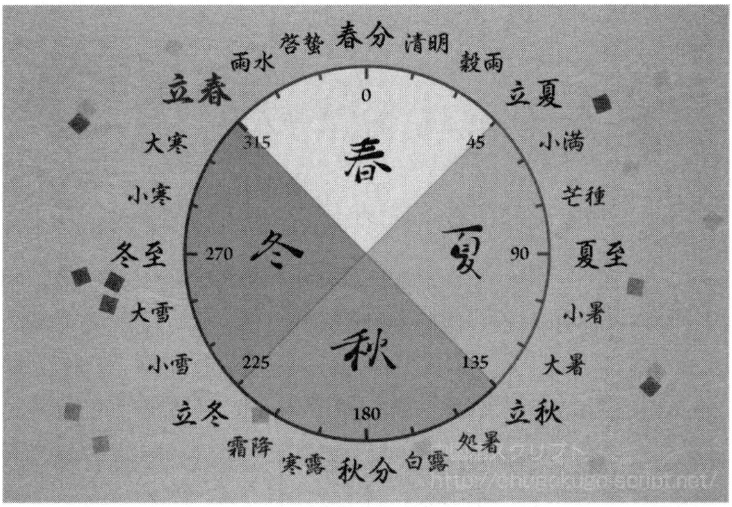

＜立春(りっしゅん) : 입춘, 2월4일경＞

【학습 포인트】

전문표현 そうだ

허가표현 ~てもいい

상황설명문 ~んです

【Key Sentence】

いいことが あったそうです。 (좋은 일이 있었다고 합니다)

ちょっと 見ても いいですか。 (좀 봐도 되나요?)

事業(じぎょう)を 拡大(かくだい)するんです。 (사업을 확대하거든요)

본문

田中(たなか)：佐藤さん、お元気でしたか。

佐藤(さとう)：ええ、おかげさまで、元気です。

今日は 暑(あつ)くも 寒(さむ)くも ありませんね。

田中(たなか)：そうですね。どこか 出かけたいですね。

佐藤(さとう)：でも、最近(さいきん) ちょっと 忙(いそが)しいです。

田中(たなか)：何か 新しい 仕事(しごと)でも 始めたんですか。

佐藤(さとう)：ええ、会社(かいしゃ)で 事業(じぎょう)を 拡大(かくだい)するんです。

田中(たなか)：そうですか。いつから スタートするんですか。

佐藤(さとう)：来週(らいしゅう)の 木曜日(もくようび)からです。

田中(たなか)：7月30日(しちがつさんじゅうにち)ですね。がんばってください。

佐藤(さとう)：鈴木さんにも いいことが あったそうですね。

田中(たなか)：ええ、この 新しい デザインを 発表(はっぴょう)したそうです。

佐藤(さとう)：ちょっと 見ても いいですか。

田中(たなか)：はい、どうぞ。

패턴연습

1. いいことが あったそうです。

조동사 「そうだ」를 보통체로 끝나는 종지형에 접속하면 남에게 들은 바를 「~라고 한다」라는 식으로 전달하는 전문을 나타낸다.

① 新しい 企画(きかく)を 発表(はっぴょう)するそうです。
(새로운 기획을 발표한다고 합니다)

② 明日は 雪(ゆき)が 降るそうです。(내일은 눈이 온다고 하네요)

③ 彼女は 日本語を 勉強しているそうです。
(그녀는 일본어를 공부하고 있다고 합니다)

2. 見ても いいですか。

「~てもいい」는 「~해도 된다」 또는 「~해도 좋다」는 허락이나 허가를 나타내는 구문을 만든다.

① この お菓子(かし)を 食べてもいいですか。(이 과자를 먹어도 되나요?)

② 明日 訪問(ほうもん)してもいいでしょうか。(내일 방문해도 될까요?)

③ レポートは 金曜日(きんようび)に 出してもいいです。
(리포트는 금요일에 제출해도 됩니다)

3. 見てはいけません。

「~てはいけない」는「~てもいい」의 부정형으로「~해서는 안 된다」라는 금지를 나타낸다. 공손하게는「~てはいけないです」 또는「~てはいけません」을 사용하여「~해서는 안 됩니다」를 표현한다.

① そこに ゴミを 捨ててはいけません。
(거기에 쓰레기를 버려서는 안 됩니다)

② 言葉に 気をつけなくてはいけません。
(말을 주의하지 않으면 안 됩니다)

③ 連絡も しないで いきなり 来てはいけないです。
(연락도 하지 않고 갑자기 오면 안 됩니다)

4. 事業を 拡大するんです。

「~んです」는 상황설명을 하는 뉘앙스를 가진 구문이다. 이「~んです」 앞에는 보통체의 문장이 온다.

① 明日から 新しい 学期が 始まるんです。
(내일부터 새로운 학기가 시작됩니다)

② 水曜日に 講演会が あるんです。 (수요일에 강연회가 있거든요)

③ 宿題が 多すぎて 寝る 時間が なかったんです。
(숙제가 너무 많아서 잘 시간이 없었어요)

5. 今日は 暑くも 寒くも ありません。

い형용사를 「~くも~くもありません」의 형태로 「~지도 ~지도 않습니다」라는 표현을 만들 수 있다.

① 彼女は やさしくも 冷(つめ)たくも ありません。
(그녀는 상냥하지도 차갑지도 않습니다)

② あの 食堂(しょくどう)の 料理は おいしくも まずくも ありません。
(저 식당의 요리는 맛있지도 맛없지도 않습니다)

③ 私の 部屋(へや)は 大きくも 小さくも ありません。
(제 방은 크지도 작지도 않습니다)

6. どこか 出かけたいですね。

「たい」는 「~하고 싶다」라는 희망을 나타내는 조동사이다. 동사의 ます형에 접속한다.

① 彼女と 付(つ)き合(あ)いたいですね。 (그녀와 사귀고 싶네요)

② 来年(らいねん)は 日本に 行きたいです。 (내년에는 일본에 가고 싶습니다)

③ 今年(ことし)は 英会話(えいかいわ)を 練習(れんしゅう)したいです。
(올해는 영어회화를 연습하고 싶어요)

7. 달 표현

1월부터 12월까지 각 달을 표현하는 법을 익히도록 한다. 숫자의 읽기가 두 개 이상 있는 것 중에서 「4월」은 「しがつ」, 7월은 「しちがつ」, 9월은 「くがつ」로 읽는 것이 원칙이므로 주의한다. 아라비아숫자와 한자숫자에 관계없이 읽기의 변화는 없다.

1月	2月	3月	4月	5月	6月
いちがつ	にがつ	さんがつ	しがつ	ごがつ	ろくがつ
7月	8月	9月	10月	11月	12月
しちがつ	はちがつ	くがつ	じゅうがつ	じゅういちがつ	じゅうにがつ

8. オリンピックは 7月です。

① 日本は 4月から 新しい 学期(がっき)が 始まります。

(일본은 4월부터 새로운 학기가 시작됩니다)

② 冬休(ふゆやす)みは 1月から 2月までです。

(겨울방학은 1월부터 2월까지입니다)

③ この大学の 学園祭(がくえんさい)は 9月に あります。

(이 대학교의 대동제는 9월에 있습니다)

9. 날짜 표현

一日	ついたち	1일	十六日	じゅうろくにち	16일
二日	ふつか	2일	十七日	じゅうしちにち	17일
三日	みっか	3일	十八日	じゅうはちにち	18일
四日	よっか	4일	十九日	じゅうくにち	19일
五日	いつか	5일	二十日	はつか	20일
六日	むいか	6일	二一日	にじゅういちにち	21일
七日	なのか	7일	二二日	にじゅうににち	22일
八日	ようか	8일	二三日	にじゅうさんにち	23일
九日	ここのか	9일	二四日	にじゅうよっか	24일
十日	とおか	10일	二五日	にじゅうごにち	25일
十一日	じゅういちにち	11일	二六日	にじゅうろくにち	26일
十二日	じゅうににち	12일	二七日	にじゅうしちにち	27일
十三日	じゅうさんにち	13일	二八日	にじゅうはちにち	28일
十四日	じゅうよっか	14일	二九日	にじゅうくにち	29일
十五日	じゅうごにち	15일	三十日	さんじゅうにち	30일
			三十一日	さんじゅういちにち	31일

10. 8月25日です。

① 1月1日は お正月(しょうがつ)です。 (1월 1일은 설날입니다)

② 7月6日は「サラダ記念日(きねんび)」です。 (7월 6일은「샐러드기념일」입니다)

③ 打(う)ち上(あ)げコンパは 12月28日です。 (종강총회는 12월 28일입니다)

단어집

事業(じぎょう) 사업
拡大(かくだい)する 확대하다
暑(あつ)い 덥다
寒(さむ)い 춥다
出(で)かける 나가다, 외출하다
最近(さいきん) 최근, 요즘
忙(いそが)しい 바쁘다
仕事(しごと) 일, 사업
始(はじ)める 시작하다
会社(かいしゃ) 회사
スタートする 스타트하다
来週(らいしゅう) 다음주
7月(しちがつ) 7월
30日(さんじゅうにち) 30일
がんばる 노력하다, 열심히 하다
デザイン 디자인
発表(はっぴょう)する 발표하다
企画(きかく) 기획
明日(あした) 내일
雪(ゆき) 눈
お菓子(かし) 과자
訪問(ほうもん)する 방문하다
レポート 리포트
出(だ)す 꺼내다, 제출하다

ゴミ 쓰레기
捨(す)てる 버리다
言葉(ことば) 말
気(き)をつける 주의하다
連絡(れんらく) 연락
いきなり 갑자기
学期(がっき) 학기
始(はじ)まる 시작되다
講演会(こうえんかい) 강연회
宿題(しゅくだい) 숙제
寝(ね)る 자다
やさしい 쉽다, 상냥하다
冷(つめ)たい 차갑다
食堂(しょくどう) 식당
料理(りょうり) 요리
おいしい 맛있다
まずい 맛없다
付(つ)き合(あ)う 사귀다
英会話(えいかいわ) 영어회화
練習(れんしゅう)する 연습하다
冬休(ふゆやす)み 겨울방학
学園祭(がくえんさい) 학교축제
お正月(しょうがつ) 설날
記念日(きねんび) 기념일

연습문제

1. 전문을 나타내는 조동사 「そうだ」를 사용하여 한국어와 같은 뜻이 되도록 빈 칸을 채우시오.

(1) 鈴木さんにも いいことが ＿＿＿＿＿＿＿＿＿＿。
(있었다고 합니다)

(2) 今日は 午後から ＿＿＿＿＿＿＿＿＿＿。
(비가 온다고 합니다)

(3) 彼女は 日本語を ＿＿＿＿＿＿＿＿＿＿。
(공부하고 있다고 합니다)

(4) パイナップルジュースは とても ＿＿＿＿＿＿＿＿＿＿。
(맛있다고 합니다)

(5) 彼は 子供の 時から 人参が ＿＿＿＿＿＿＿＿＿＿。
(싫어한다고 합니다)

2. 한국어와 같은 뜻이 되도록 다음 빈 칸을 채우시오.

(1) この お菓子を ＿＿＿＿＿＿＿＿＿＿。
(먹어도 좋습니까?)

(2) 今日 遊びに ＿＿＿＿＿＿＿＿＿＿。
(와도 됩니다)

(3) こんな ところで ＿＿＿＿＿＿＿＿＿＿。
(자면 안 됩니다)

(4) 今日は ＿＿＿＿＿＿＿＿＿＿ ありません。
(춥지도 덥지도)

(5) 来年は 日本に ＿＿＿＿＿＿＿＿＿＿ です。
(가고 싶다)

일본이야기

【홍백노래자랑에 나온 한국 가수】

일본에서 가장 큰 음악쇼는 매년 연말에 행하는 홍백노래자랑(紅白歌合戦：こうはくうたがっせん)입니다. 일본방송협회(NHK)가 1951년부터 매년 연말에 방송하고 있는 남녀 대항 프로그램으로 2020년12월31일에 제71회를 방송하였습니다. 보통 네 시간 반을 방송합니다.

이 방송에 나오게 되면 가수로서 최고의 영예로 생각할 만큼 대단한 영향력을 갖고 있는 프로그램으로 연말에 이 방송을 봐야 한해가 끝나고 새해를 맞이하는 느낌이 들만큼 거의 습관화되어 있습니다.

여기에 한국의 가수들도 일본에서 활약하여 인정을 받고 선정이 되는 경우가 있습니다. 그래서 일본의 홍백노래자랑에 나온 한국 가수를 살펴보도록 하겠습니다.

한국가수는 1980년대 후반에서 1990년대 초반까지 세 명의 가수가 크게 활약합니다. 맨 처음에 등장한 가수는 조용필로 네 번 출연했어요. 계은숙이 일곱 번 출연하여 가장 많이 등장하였고, 김연자가 세 번 출연하였습니다. 이밖에 패티김이 한 번 나왔지요.

2000년대에는 보아가 6년 연속으로 나왔고, 동방신기가 세 번 나왔습니다. 가장 최근에는 트와이스가 세 번 연속으로 출연하였지요. 이밖에 이정현, 류, 카라, 소녀시대가 각각 한 번씩 등장하였습니다.

제71회인 2020년에는 한일합작으로 탄생시킨 일본인 그룹 Niziu(니쥬)가 출연하여 Make you happy 를 불렀습니다.

제18과 がっこうに いかなければなりません

＜立夏(りっか) : 입하, 5월5일경＞

【학습 포인트】

당위표현 ~なければならない

의무표현 ~なくてはいけない

양태표현 そうだ

【Key Sentence】

学校に 行かなければなりません。 (학교에 가지 않으면 안 됩니다)

ルールは 守(まも)らなくてはいけません。 (룰은 지키지 않으면 안 됩니다)

なんか、忙(いそが)しそうですね。 (뭔가, 바빠 보이네요)

본문

山中（やまなか）：吉岡さん、なんか、忙（いそが）しそうですね。

吉岡（よしおか）：はい、レポートの 締（し）め切（き）りが 近いんです。

山中（やまなか）：食事（しょくじ）は したんですか。

吉岡（よしおか）：いいえ、まだです。食事をする 時間も ありません。

山中（やまなか）：でも、ご飯は きちんと 食べなければなりませんよ。

吉岡（よしおか）：ええ、これが 終わったら 食べるつもりです。

山中（やまなか）：締め切りは いつまでですか。

吉岡（よしおか）：明日の 午後 五時までに 出さなくてはいけません。

山中（やまなか）：それは 大変（たいへん）ですね。

良（よ）かったら、これ 食べませんか。

吉岡（よしおか）：おいしそうな ケーキですね。食べても いいですか。

山中（やまなか）：もちろんです。暖（あたた）かい お茶（ちゃ）も あります。

吉岡（よしおか）：いろいろ ありがとうございます。

山中（やまなか）：どういたしまして。

패턴연습

1. なんか、忙しそうですね。

「そうだ」는 접속하는 방법에 따라 「~인 것 같다」라는 뜻을 나타내는 양태 표현을 만든다. 먼저, イ형용사와 ナ형용사의 경우는 어간에 「そうだ」를 접속한다.

① この 店の ハンバーグは とても おいしそうですね。
(이 가게의 햄버그는 아주 먹음직스럽군요)

② 外(そと)は 寒そうですね。 (밖은 추울 것 같네요)

③ 彼女は とても 元気(げんき)そうですね。 (그녀는 매우 건강해 보이네요)

2. うまくいきそうですね。

동사에 양태의 조동사 「そうだ」를 접속할 때는 동사의 ます형에 접속하여 「~일 것 같다」라는 뜻을 나타낸다.

① 明日は もっと 暑(あつ)くなりそうですね。 (내일은 더 더워질 것 같네요)

② 今日は 雪が 降(ふ)りそうですね。 (오늘은 눈이 내릴 것 같군요)

③ あきこさんも 参加(さんか)しそうです。 (아키코씨도 참가할 것 같아요)

3. それが よさそうですね。

양태의 조동사 「そうだ」가 「良い(いい、よい)」와 「ない」에 연결되면 「よさそうだ」 「なさそうだ」와 같이 독특하게 「さ」를 첨가하여 표현한다. 「いさそうだ」라고는 하지 않는다.

① プレゼントには これが 良(よ)さそうですね。
(선물로는 이것이 좋을 것 같군요)

② 彼は 何も 考(かんが)えが なさそうです。
(그 사람은 아무것도 생각이 없어 보여요)

③ あの 食堂(しょくどう)は あまり 高くなさそうですね。
(저 식당은 별로 비쌀 것 같지 않군요)

4. きちんと 食べなければなりません。

「~なければならない」는 「~하지 않으면 안 된다」 또는 「~해야 된다」라는 당위나 의무를 나타내는 구문을 만든다. 공손하게는 「~なければなりません」을 사용하여 표현한다.

① 借りた本は 返(かえ)さなければなりません。
(빌린 책은 돌려주지 않으면 안 됩니다)

② 毎日 朝ごはんを きちんと 食べなければなりません。
(매일 아침밥을 제대로 먹지 않으면 안 됩니다)

③ 学生は 一生懸命(いっしょうけんめい) 勉強しなければなりません。
(학생은 열심히 공부하지 않으면 안 됩니다)

5. レポートを 出さなくてはいけません。

「~なくてはいけない」도 「~하지 않으면 안 된다」 또는 「~해야 된다」라는 뜻을 나타내는데, 「~なければならない」보다 의무감이 강조된다. 「~なくてはいけません」은 공손하게 표현하는 것이다.

① 宿題を しなくてはいけません。 (숙제를 하지 않으면 안 돼요)

② お金を 払わなくてはいけません。 (돈을 지불하지 않으면 안 됩니다)

③ 定期的に 運動を しなくてはいけません。
(정기적으로 운동을 해야 됩니다)

6. 宿題を しなければいけません。

「なければ」는 「ならない」와 세트로, 「なくては」는 「いけない」와 세트로 활용하는 것이 원칙인데, 요즈음에는 「なければいけない」 또는 「なくてはならない」와 같이 두 가지가 섞여서 사용되는 경우도 있다.

① もう少し 急がなければいけません。 (좀 더 서두르지 않으면 안 됩니다)

② 彼にも 連絡しなくてはなりません。 (그 사람한테도 연락해야 됩니다)

③ 会議に 参加しなくてはならないんです。 (회의에 참가해야 되거든요)

7. 締め切りは いつまでですか。

한국어의 「~까지」에 해당하는 일본어는 「まで」와 「までに」 두 가지가 있다. 먼저 「まで」는 정해져 있는 시간이나 기간을 말한다.

① 会議は 3時から 5時までです。 (회의는 3시에서 5시까지입니다)

② 夏休(なつやす)みは 8月31日までです。 (여름방학은 8월 31일까지예요)

③ 申込(もうしこ)みは 金曜日までです。 (신청은 금요일까지입니다)

8. 五時までに 出さなくてはいけません。

「までに」는 정해져 있는 시간이나 기간이 있지만 그 안에 일을 처리하면 그 동작은 완료된다는 의미를 나타낸다.

① 午後 二時までに 来てください。 (오후 두 시까지 와 주세요)

② 6時まで 会社に いますので、その時までに 電話してください。
(6시까지 회사에 있을 테니까, 그 때까지 전화해 주세요)

③ レポートは 金曜日までに 提出(ていしゅつ)しなくてはいけません。
(리포트는 금요일까지 제출해야 됩니다)

9. これが 終わったら 食べるつもりです。

「つもり」는 말하는 사람의 「생각, 작정, 의도」를 표현하는 말이다. 질문 형식으로 사용하면 상대방의 생각이나 작정, 의도를 묻는 표현이 된다.

① 私は 夏休(なつやす)みに 日本に 行くつもりです。
(저는 여름방학에 일본에 갈 예정입니다)

② いつ 出発(しゅっぱつ)するつもりですか。 (언제 출발할 생각이에요?)

③ 今日は ビビンバを 作って 食べるつもりです。
(오늘은 비빔밥을 만들어 먹을 생각입니다)

10. オアシス 운동

일본에서 「오아시스운동」이라는 것이 있다. 대표적인 인사말의 앞부분을 따서 이해하기 쉽게 조합한 문구로 주로 유치원에서 교육적으로 사용하는 용어인데, 인사를 잘 하자는 운동이다. 「おはようございます」「ありがとうございます」「しつれいします」「すみません」의 앞 글자를 딴 것이다.

① いろいろ ありがとうございます。 (여러 가지로 감사합니다)

② ちょっと 失礼(しつれい)します。 (잠깐 실례하겠습니다)

③ どうも すみません。 (대단히 미안합니다)

단어집

ルール 룰, 규칙	外(そと) 밖
守(まも)る 지키다	寒(さむ)い 춥다
なんか 뭔가, 왠지	元気(げんき)だ 건강하다
忙(いそが)しい 바쁘다	うまくいく 잘 되다
レポート 리포트	もっと 더, 더욱
つもり 생각, 작정, 의도	暑(あつ)い 덥다
締(し)め切(き)り 마감	雪(ゆき) 눈
近(ちか)い 가깝다	降(ふ)る 내리다
食事(しょくじ) 식사	参加(さんか)する 참가하다
まだ 아직	プレゼント 선물
きちんと 제대로	考(かんが)え 생각
終(お)わる 끝나다	食堂(しょくどう) 식당
つもり 셈, 예정, 작정	返(かえ)す 돌려주다
いつ 언제	毎日(まいにち) 매일
出(だ)す 내다, 제출하다	一生懸命(いっしょうけんめい) 열심히
大変(たいへん)だ 힘들다	
良(よ)い 좋다, 「いい」로도 읽음	宿題(しゅくだい) 숙제
おいしい 맛있다	払(はら)う 지불하다
ケーキ 케이크	定期的(ていきてき) 정기적
もちろん 물론	運動(うんどう) 운동
暖(あたた)かい 따뜻하다	急(いそ)ぐ 서두르다
お茶(ちゃ) 차	夏休(なつやす)み 여름방학
いろいろ 여러 가지	申込(もうしこ)み 신청
どういたしまして 천만에요	提出(ていしゅつ)する 제출하다
ハンバーグ 햄버그	失礼(しつれい)する 실례하다

연습문제

1. 주어진 단어를 사용하여 양태를 나타내는 「そうだ」의 문장을 완성하시오.

(1) この パンは とても ____________________そうですね。
(やわらかい)

(2) 彼女は 今日も ______________________そうですね。
(元気だ)

(3) 明日は 雨が ________________________そうですね。
(降る)

(4) この プロジェクトは _____________________そうですね。
(うまくいく)

(5) あの 食堂は あまり _____________________そうですね。
(高くない)

2. 주어진 단어를 활용하여 한국어와 같은 뜻이 되도록 다음 빈 칸을 채우시오.

(1) 借りた 本は ______________________________。
(돌려주지 않으면 안 됩니다. <返す>)

(2) 毎日 新聞を _____________________________。
(읽지 않으면 안 됩니다. <読む>)

(3) ルールは _______________________________。
(지키지 않으면 안 됩니다. <守る>)

(4) 申込みは _________________________________です。
(30일까지 <30日>)

(5) レポートは _____________________ 提出しなくてはいけません。
(금요일까지 <金曜日>)

일본이야기

【일본의 만화문화】

일본은 만화문화가 매우 발달한 나라입니다. 세계에서 만화를 가장 많은 분야에서 활용하고 있는 나라라고 할 수 있습니다. 만화를 말하는 일본어 「漫画(まんが)」가 manga 라는 로마자 표기로 영어에서도 통할만큼 일반화되어 있습니다. comic 이라는 영어가 있음에도 불구하고 말이죠. 여기에서 만화는 주로 종이 위에 표현하는 그림이야기를 가리킵니다. 만화영화는 따로 「아니메」라고 합니다.

일본에서는 전철 안이나 공원 등에서 만화를 당당하게 내놓고 읽고 있는 사람들을 많이 볼 수 있습니다. 정장을 차려입은 신사도 마찬가지입니다. 내용이 픽션에 그치지 않고 여러 분야를 커버하고 있는 것도 이유라고 할 수 있습니다. 어려운 경제문제나, 정치문제, 역사, 국제관계, 고전문학 등 거의 모든 분야에서 만화가 쓰이고 있습니다. 시각적으로 보고 읽으면 재미있기도 하고 머리에 오랫동안 기억되는 효과가 있는 거죠.

「은하철도999」나 「도라에몽」과 같이 우리에게도 매우 친숙한 만화들이 많이 있습니다. 2021년 현재, 역대발행부수 랭킹과 발행부수를 보면 일본만화의 힘을 짐작할 수 있는데요. 1위는 「원피스」가 차지하였는데 4억8천만부가 발행되었습니다. 일본 전체인구의 네 배나 됩니다. 「드래곤볼」 「나루토」 「슬램덩크」 등도 억대의 발행부수를 자랑합니다.

도라에몽

원피스

드래곤볼

일본에서는 인기 있는 만화가 드라마로 제작되어 방영되는 경우도 많습니다. 유명한 드라마의 원작이 만화인 경우가 많은 거죠. 일본에서의 만화시장은 앞으로도 확실한 기반을 유지할 것이고, 세계만화시장에서의 입지도 견고할 것으로 보입니다.

제19과 たべたことがあります

<立秋(りっしゅう) : 입추, 8월7일경>

【학습 포인트】

경험표현 ~たことがある

접미사 ~やすい

접미사 ~にくい

【Key Sentence】

なっとうを 食べたことがあります。 (낫토를 먹은 적이 있습니다)

このボールペンは 書きやすいですね。(이 볼펜은 쓰기 편하네요)

あの看板(かんばん)は 読みにくいです。 (저 간판은 읽기 힘듭니다)

본문

佐藤(さとう)：吉田(よしだ)さんは　韓国料理(かんこくりょうり)を　食べたことがありますか。

吉田(よしだ)：はい、あります。私は　韓国料理が　大好きです。

佐藤(さとう)：どんな　ものが　好きですか。

吉田(よしだ)：冷麺(れいめん)が　特に　好きです。

辛(から)くないので、日本人にも　食べやすいです。

佐藤(さとう)：そうですか。キムチは　どうですか。

吉田(よしだ)：キムチは　辛くて　そんなに　好きではありません。

佐藤(さとう)：あの　看板(かんばん)には　何と　書いてありますか。

吉田(よしだ)：そうですね。字(じ)が　小さくて　読みにくいですね。

佐藤(さとう)：今日は　カルビを　食べませんか。

吉田(よしだ)：いいですね、そうしましょう。

佐藤(さとう)：カルビを　食べた後、冷麺(れいめん)も　食べてみたいです。

吉田(よしだ)：それが　良(よ)さそうですね。

패턴연습

1. 日本料理を 食べたことがあります。

「~たことがある」는 「~한 적이 있다」라는 경험을 나타내는 표현이다. 여기에서의 「た」는 과거의 조동사이기 때문에 접속은 과거형을 만들 때의 방법으로 하며, 과거에 했던 경험을 나타내게 된다.

① 納豆(なっとう)を 食べたことがあります。 (낫토를 먹은 적이 있습니다)

② 日本に 行ったことがあります。 (일본에 간 적이 있습니다)

③ 野菜(やさい)ジュースを 飲んだことがありますか。
(야채주스를 마신 적이 있나요?)

2. 韓国料理が 大好きです。

제10과에서도 살펴본 대로 「好きだ(좋아하다)」「嫌いだ(싫어하다)」「大好きだ(아주 좋아하다)」「大嫌いだ(아주 싫어하다)」와 같이 좋아하고 싫어하는 표현을 할 때는 조사 「が」를 사용하는 것이 원칙이다.

① 私は 山登(やまのぼ)りが 大好きです。 (저는 등산을 엄청 좋아합니다)

② 彼の 傲慢(ごうまん)な 態度(たいど)が 嫌(きら)いです。
(그 사람의 오만한 태도를 싫어해요)

③ 私は あなたのことが 好きです。 (저는 당신을 좋아해요)

3. 日本人にも 食べやすいです。

「~やすい」는 동사의 ます형에 접속하여 「~하기 쉽다」「~하기 편하다」「잘 ~한다」라는 뜻을 가진 형용사를 만드는 접미사이다.

① この靴(くつ)は 歩きやすいですね。 (이 신발은 걷기 편하네요)

② 私は 歌いやすい 曲(きょく)が 好きです。

(저는 부르기 쉬운 곡을 좋아해요)

③ 電子(でんし)辞書(じしょ)は 引きやすいので よく 使います。

(전자사전은 찾기 쉬워서 자주 사용합니다)

4. 字が 小さくて 読みにくいです。

「~にくい」는 동사의 ます형에 접속하여 형용사를 만드는 접미사이다. 「~하기 어렵다」「~하기 힘들다」라는 뜻을 표현한다.

① あの人は 冷(つめ)たくて 話しにくいです。

(저 사람은 차가워서 말하기 어려워요)

② この肉(にく)は 固(かた)くて 噛(か)みにくいですね。

(이 고기는 질겨서 씹기 힘드네요)

③ 画数(かくすう)の 多い 漢字(かんじ)は 書きにくいです。

(획수가 많은 한자는 쓰기 힘듭니다)

5. 辛くないので、食べやすいです。

「ので」는 「~이기 때문에」라는 원인이나 이유를 나타내는 표현이다. 명사류에 연결하는 형태인 연체형에 접속한다.

① 今日は 疲れたので、早めに 寝ます。
(오늘은 피곤해서 좀 빨리 잘게요)

② 数学は 難しいので、好きじゃありません。
(수학은 어려워서 좋아하지 않아요)

③ 面白い 本なので、3回も 読みました。
(재미있는 책이라서 세 번이나 읽었어요)

6. 辛くて 好きではありません。

「イ형용사」를 「~くて」와 같이 표현하면 「ので」와 마찬가지로 「~해서」라는 원인이나 이유를 나타낼 수 있다.

① あの人は うるさくて 好きではありません。
(저 사람은 말이 많아서 좋아하지 않습니다)

② その本は 高くて 買いませんでした。 (그 책은 비싸서 사지 않았습니다)

③ 日本の 雑誌は 漢字が 多くて 読みにくいです。
(일본 잡지는 한자가 많아서 읽기 힘들어요)

7. カルビも 食べてみます。

「~てみる」는 「~해 보다, 시도해 보다」라는 뜻을 나타내는데, 반드시 시험 삼아 하지 않더라도 습관적으로 사용하는 경우가 많다.

① 今日は 私も なっとうを 食べてみます。
(오늘은 저도 낫토를 먹어보겠습니다)

② 筆で 漢字を 書いてみました。 (붓으로 한자를 써보았습니다)

③ できるかどうか 分かりませんが、やってみます。
(할 수 있을지 어떨지 모르겠습니다만, 해보겠습니다)

8. 冷麺も 食べてみたいです。

「~てみたい」는 위의 「~てみる」에 희망을 나타내는 조동사 「たい」가 결합한 형태로 「~해 보고 싶다」라는 희망을 표현하고 있다.

① 私も 外国人に 英語で 話してみたいです。
(저도 외국인에게 영어로 말해보고 싶어요)

② ベトナムに 行ってみたいですね。 (베트남에 가 보고 싶네요)

③ おいしい クッキーを 作ってみたいです。
(맛있는 쿠키를 만들어보고 싶어요)

단어집

納豆(なっとう) 낫토
ボールペン 볼펜
看板(かんばん) 간판
料理(りょうり) 요리
大好(だいす)きだ 아주 좋아하다
冷麺(れいめん) 냉면
特(とく)に 특히
辛(から)い 맵다
キムチ 김치
何(なん)と 뭐라고
字(じ) 글자
小(ちい)さい 작다
カルビ 갈비
後(あと) 후, 뒤
野菜(やさい)ジュース 야채주스
嫌(きら)いだ 싫어하다
大嫌(だいきら)いだ 아주 싫어하다
山登(やまのぼ)り 등산
傲慢(ごうまん)だ 오만하다
態度(たいど) 태도
靴(くつ) 신발
歩(ある)く 걷다
曲(きょく) 곡, 노래
電子辞書(でんしじしょ) 전자사전
引(ひ)く (사전을) 찾다, 끌다
使(つか)う 사용하다
冷(つめ)たい 차갑다
肉(にく) 고기
固(かた)い 질기다, 딱딱하다
噛(か)む 씹다
画数(かくすう) 획수
漢字(かんじ) 한자
疲(つか)れる 피곤하다
寝(ね)る 자다
数学(すうがく) 수학
難(むずか)しい 어렵다
面白(おもしろ)い 재미있다
うるさい 시끄럽다, 말이 많다
筆(ふで) 붓
外国人(がいこくじん) 외국인
英語(えいご) 영어
ベトナム 베트남
クッキー 쿠키

연습문제

1. 주어진 단어를 사용하여 경험을 나타내는 「~たことがある」 문장을 완성하시오.

(1) 私は アラスカに ____________________ことがあります。
(行く)

(2) コンビニで バイトを ____________________ことがあります。
(する)

(3) 新幹線(しんかんせん)の 中で 白ワインを ______________ことがあります。
(飲む)

(4) テストの 前に 怖(こわ)い 夢を ________________ことがあります。
(みる)

(5) 北海道で みそラーメンを ________________ことがあります。
(食べる)

2. 접미사 「~やすい」 「~にくい」를 사용하여 한국어와 같은 뜻이 되도록 다음 빈 칸을 채우시오.

(1) この 薬は 子供でも____________________です。
(먹기 쉽다)

(2) あの 歌手の 歌は とても ____________________です。
(부르기 편하다)

(3) 夕べ 雪が 降って ____________________ですね。
(걷기 힘들다)

(4) あの 人は やさしくて ____________________です。
(말하기 편하다)

(5) この ちらしは 字が 小さくて ____________________ですね。
(읽기 힘들다)

제20과 ほんをよんだり、ゲームをしたりします

＜立冬(りっとう) : 입동, 11월7일경＞

【학습 포인트】

병렬표현 ~たり

순서표현 ~て

가정표현 ~ば

【Key Sentence】

本を 読んだり、おしゃべりをしたり します。

(책을 읽기도 하고, 수다를 떨기도 합니다)

今日は デパートに 行って、買い物を するつもりです。

(오늘은 백화점에 가서 쇼핑을 할 계획입니다)

時間(じかん)が あれば ゲームも やります。 (시간이 있으면 게임도 합니다)

본문

山本(やまもと)：昼休(ひるやす)みには　何をするんですか。

中村(なかむら)：本を読んだり、友達(ともだち)と　おしゃべりをしたり　します。

山本(やまもと)：今日は　どうするんですか。

中村(なかむら)：今日は　ご飯を食べてから　図書館(としょかん)に　行くつもりです。

図書館に行って、本を借(か)りて、レポートを書きます。

山本(やまもと)：昼休みも　忙(いそが)しいですね。

中村(なかむら)：ええ、でも　金曜日は　余裕(よゆう)が　あります。

山本(やまもと)：週末(しゅうまつ)は　どうですか。

中村(なかむら)：土日(どにち)は　運動(うんどう)を　します。

また、時間(じかん)が　あれば　ゲームも　やります。

山本(やまもと)：私は　バイトを　やっています。

できれば　一緒(いっしょ)に　運動を　やりたいですね。

中村(なかむら)：じゃ、バイトを　休む時、連絡(れんらく)してください。

一緒に　スポーツを　楽(たの)しみましょう。

패턴연습

1. 本を読んだり、おしゃべりをしたりします。

「~たり」는 병렬을 나타내는 접속조사로 「~하기도 하고」라는 뜻을 나타낸다. 보통 두 가지를 나열하는 경우가 많다. 「て형」과 똑같은 조건하에서 음편현상이 발생한다.

① ドラマを見たり、映画(えいが)を見たりします。
(드라마를 보거나 영화를 보거나 합니다)

② 友達と ゲームをしたり、お酒(さけ)を飲んだりします。
(친구랑 게임을 하기도 하고 술을 마시기도 합니다)

③ 卓球(たっきゅう)をしたり、バドミントンをしたりします。
(탁구를 치기도 하고 배드민턴을 치기도 합니다)

2. 宿題をして、テレビを見て 寝ます。

「~て」는 「~하고」라는 뜻으로 문장을 이어가는 병렬의 역할을 할 수 있다. 「~て」로 연결되는 문장은 앞뒤의 순서가 반드시 정해져 있지는 않지만 동작의 순서대로 말하는 것이 일반적이다.

① 今日は お風呂(ふろ)に入って、ご飯を食べて すぐ 寝ます。
(오늘은 목욕을 하고, 밥을 먹고 금방 잘래요)

② レポートを書いて、テレビを見ました。
(리포트를 쓰고 텔레비전을 보았습니다)

③ 友達に会って、映画(えいが)を見て、コーヒーを飲みました。

(친구를 만나서 영화를 보고 커피를 마셨습니다)

3. レポートを書いてから、友達と遊びます。

앞뒤의 순서를 명확하게 나타내고 싶을 때는 「~てから」를 사용하여 「~하고 나서」를 표현한다.

① 食事(しょくじ)をしてから 出かけましょう。 (식사를 하고 나갑시다)

② 先に 降(お)りてから 乗(の)ってください。 (먼저 내리고 나서 타세요)

③ 説明書(せつめいしょ)を よく 読んでから 使(つか)ってください。

(설명서를 잘 읽고 나서 사용하세요)

4. ラーメンを作って 食べました。

「라면을 끓여 먹었습니다」처럼 상식적으로 앞뒤 동작이 연결되어 있을 때는 「~てから」 구문을 사용하지 않고 「~て」를 사용한다.

① ご飯をたいて 食べました。 (밥을 지어 먹었습니다)

② デパートに行って ショッピングをしました。

(백화점에 가서 쇼핑을 하였습니다)

③ 久(ひさ)しぶりに オムライスを作って 食べました。

(오랜만에 오므라이스를 만들어 먹었습니다)

5. 時間が あれば ゲームも やります。

「ば」는 가정형을 만드는 형태이다. 동사의 경우 종류에 상관없이 기본형 어미 う단을 え단으로 바꾸고 ば를 붙이면 「~하면」이라는 뜻이 된다. 먼저 1류동사의 예를 보도록 하자.

① お金があれば 貸(か)してください。 (돈이 있으면 빌려주세요)

② 一生懸命(いっしょうけんめい) やれば できると思います。 (열심히 하면 된다고 생각합니다)

③ 海外旅行(かいがいりょこう)に 行けば 外国(がいこく)の 友達が できるでしょう。
(해외여행을 가면 외국 친구가 생기겠지요)

6. 見れば 分かります。

2류동사의 「ば형」은 기본형어미 る를 え단인 れ로 바꾸고 ば를 붙이면 된다.

① それくらいは 見れば 分かります。 (그 정도는 보면 압니다)

② 朝早く 起(お)きれば いいことがあります。
(아침 일찍 일어나면 좋은 점이 있습니다)

③ 野菜(やさい)を いっぱい 食べれば 健康(けんこう)に いいです。
(야채를 많이 먹으면 건강에 좋습니다)

7. 練習すれば できます。

3류동사의 「ば형」은 「来る」는 「来(く)れば」, 「する」는 「すれば」로 변형된다.

① 彼女も 来れば いいのに、忙(いそが)しいようです。
(그녀도 오면 좋을 텐데, 바쁜 모양이에요)

② 単語(たんご)を 暗記(あんき)すれば 上手(じょうず)になります。 (단어를 암기하면 능숙해집니다)

③ 何を 専攻(せんこう)すれば いいでしょうか。 (무엇을 전공하면 될까요?)

8. 安ければ 買いたいです。

い형용사에 「ば」를 붙여 가정이나 조건을 나타내고 싶을 때는 어미 「い」를 「けれ」로 바꾸고 「ば」를 붙여 「ければ」를 만든다. 즉, 「安い(싸다)」를 「싸다면」으로 바꾸고 싶다면 「安ければ」로 변형하면 되는 것이다.

① おいしければ 値段(ねだん)は かまいません。 (맛있으면 값은 상관없어요)

② 高ければ やめます。 (비싸면 그만 둘래요)

③ 難(むずか)しければ やらなくてもいいです。 (어려우면 하지 않아도 됩니다)

9. きらいなら 食べなくてもいいです。

な형용사에 「ば」를 붙일 때는 어미 「だ」가 「なら」로 바뀌고 「ば」에 연결되어 「ならば」의 형태가 되는데, 이때는 일반적으로 「ば」를 생략하고 「なら」만 사용하는 경우가 많다.

① 嫌(きら)いなら 参加(さんか)しなくてもいいです。 (싫다면 참가하지 않아도 됩니다)

② 暇(ひま)なら お茶(ちゃ)でも 飲みましょう。 (시간 있으면 차라도 마십시다)

③ 静(しず)かなら 家賃(やちん)は 高くてもかまいません。
(조용하다면 집세는 비싸도 괜찮습니다)

10. 本なら いくらでも あります。

명사의 경우도 な형용사와 마찬가지로 조동사 「だ」를 「なら」로 바꾸어 「ならば」의 형태를 만들 수 있는데, 이때도 일반적으로 「ば」를 생략하고 「なら」만 사용하는 경우가 대부분이다.

① 英会話(えいかいわ)の本なら いくらでも あります。
(영어회화 책이라면 얼마든지 있습니다)

② 映画(えいが)のチケットなら もう 買ってあります。
(영화 티켓이라면 벌써 사두었습니다)

③ 彼女なら 私も 知(し)ってますよ。 (그녀라면 저도 알고 있어요)

단어집

ゲーム 게임
デパート 백화점
買(か)い物(もの) 쇼핑, 장보기
時間(じかん) 시간
昼休(ひるやす)み 점심시간
おしゃべりをする 수다를 떨다
図書館(としょかん) 도서관
借(か)りる 빌리다
レポート 리포트
忙(いそが)しい 바쁘다
余裕(よゆう) 여유
週末(しゅうまつ) 주말
土日(どにち) 토요일과 일요일
運動(うんどう) 운동
やる 하다
バイト 알바
できる 할 수 있다, 가능하다
一緒(いっしょ)に 함께
休(やす)む 쉬다
連絡(れんらく)する 연락하다
スポーツ 스포츠
楽(たの)しむ 즐기다
ドラマ 드라마
映画(えいが) 영화
お酒(さけ) 술
卓球(たっきゅう) 탁구
バドミントン 배드민턴
宿題(しゅくだい) 숙제
寝(ね)る 자다
お風呂(ふろ) 목욕, 욕실
すぐ 곧, 금방
コーヒー 커피
遊(あそ)ぶ 놀다
食事(しょくじ) 식사
出(で)かける 나가다, 외출하다
降(お)りる 내리다
乗(の)る 타다
説明書(せつめいしょ) 설명서
使(つか)う 사용하다, 쓰다
たく (밥을) 짓다
ショッピング 쇼핑
オムライス 오므라이스
一生懸命(いっしょうけんめい) 열심히
海外旅行(かいがいりょこう) 해외여행
暗記(あんき)する 암기하다
専攻(せんこう)する 전공하다
暇(ひま)だ 한가하다
家賃(やちん) 집세, 방세

연습문제

1. 주어진 단어를 「~たり」「~てから」 패턴으로 적절히 활용하여 다음 문장을 완성하시오.

(1) 土曜日は ＿＿＿＿＿＿＿＿＿＿＿＿＿＿＿＿＿＿＿＿ します。
(卓球をする、バドミントンをする)

(2) 日曜日は ＿＿＿＿＿＿＿＿＿＿＿＿＿＿＿＿＿＿＿＿ します。
(洗濯をする、掃除をする)

(3) 中の人が ＿＿＿＿＿＿＿＿＿＿＿＿ 入ってください。
(出る)

(4) 質問が 全部 ＿＿＿＿＿＿＿＿＿＿＿ 答えてください。
(終わる)

(5) 前もって ＿＿＿＿＿＿＿＿＿＿＿＿＿＿ 来てください。
(電話をする)

2. 주어진 단어를 가정형 「~ば」로 연결하여 다음 문장을 완성하시오.

(1) お金が ＿＿＿＿＿＿＿＿＿＿ おごってください。<ある>

(2) このクリームを ＿＿＿＿＿＿＿＿ すべすべになります。<ぬる>

(3) もし ＿＿＿＿＿＿＿＿＿＿ 一杯 飲みましょう。<よい>

(4) 田中さんが ＿＿＿＿＿＿＿＿＿＿ 私も 来ます。<来る>

(5) 食事は ＿＿＿＿＿＿＿ 何でも いいです。<おいしい>

일본이야기

【가라오케문화】

「가라오케(カラオケ)」는 일본어 「空(から)」와 「オーケストラ」가 합성된 용어로, 사전에 제작된 반주의 녹음을 일컫는데, 1970년대 이후에 가라오케문화가 일반화되면서 연주장치, 가라오케박스, 그것을 이용한 노래 부르기 등을 두루두루 지칭하게 되었습니다. 영어로도 일본어 「カラオケ」를 그대로 읽은 karaoke 가 통용되고 있지요. 한국에는 가라오케박스가 「노래방」이라는 말로 번역되어 도입되었습니다.

가라오케가 처음 보급될 당시에는 주로 술을 파는 곳에서 여흥으로 노래를 즐기기 위한 목적으로 사용되었습니다. 노래도 대부분 엔카(트로트)였죠. 그러던 것이 1980년대 중엽에 술과는 상관없이 오로지 노래만을 즐기기 위한 시설이 탄생합니다. 그것이 가라오케박스입니다.

가라오케박스가 탄생하면서, 그때까지만 해도 중년남성들의 전유물로 여겨졌던 가라오케가 연령층과 상관없이 대중적인 문화로 자리 잡게 됩니다. 학생들의 모임이라든가 직장인들의 회식 후 2차 모임 장소 등으로 많이 이용되게 되지요. 그래서 가라오케가 일본인들의 오락을 대표하는 분야가 됩니다. 노래 매니아들은 자택에 가라오케시스템을 구비하고 즐기는 경우도 많습니다.

아마기고에

체리

하나미즈키

일본 음악차트인 오리콘차트에 가라오케 부문이 있습니다. 전국의 가라오케에서 가장 많이 불린 곡목의 순위를 정하여 발표하는 것인데요. 일본판 위키피디아에 의하면 집계가 시작된 1990년대 중반부터 최근까지 가장 많이 불린 곡 1위는 이시카와사유리의 「아마기고에」, 2위는 스피츠의 「체리」, 3위는 히토토요의 「하나미즈키」라고 합니다.

본문해석

제5과 저는 사토입니다

사토 : 처음 뵙겠습니다. 저는 사토입니다.
스즈키 : 처음 뵙겠습니다. 저는 스즈키입니다.
잘 부탁합니다.
사토 : 저야말로 잘 부탁드립니다.
스즈키씨는 학생인가요?
스즈키 : 네, 그렇습니다.
저는 학생입니다.
사토씨도 학생이에요?
사토 : 아니오, 저는 학생이 아닙니다.
저는 사무원입니다.

제6과 이것은 책입니다

사토 : 다나카씨, 안녕하세요?
다나카 : 아, 사토씨, 안녕하세요?
그것은 뭐예요?
사토 : 이것은 제 책이에요.
다나카 : 이것도 사토씨의 책이에요?
사토 : 아뇨, 그것은 스즈키씨의 노트예요.
다나카 : 그래요?
그럼, 저것은 누구의 노트입니까?
사토 : 저것은 제 노트예요.
다나카 : 저 보라색 가방은 누구의 가방이에요?
사토 : 저것은 스즈키씨의 가방입니다.

제7과 지금 몇 시입니까

다카하시 : 와타나베씨, 지금 몇 시입니까?
와타나베 : 지금 여덟시입니다.
다카하시 : 수업은 몇 시부터예요?
와타나베 : 아홉시부터 열두시까지입니다.
다카하시 : 점심시간은 몇 시간이에요?
와타나베 : 열두시부터 한시까지 한 시간이에요.
다카하시 : 그래요? 학식은 얼마예요?
와타나베 : 대개 500엔 정도입니다.
하지만, 우동은 300엔이에요.
다카하시 : 라면은 어때요?
와타나베 : 라면은 250엔입니다.

제8과 빨간 꽃입니다

다나카 : 이 꽃의 이름은 무엇입니까?
다카하시 : 그 꽃은 개나리예요.
다나카 : 아, 이것이 개나리예요?
저것은 무슨 꽃인가요?
다카하시 : 저것은 튤립입니다.
다나카 : 그래요? 민들레는 빨갛습니까?
다카하시 : 아뇨, 민들레는 빨갛지 않습니다. 노랗습니다.
다나카 : 그런데, 이 책은 다카하시씨의 것인가요?
다카하시 : 네, 그 책은 제 것입니다.
다나카 : 이 파란 백은 누구의 것입니까?
다카하시 : 그것은 사토씨의 것입니다.

제9과 멋있는 디자인이군요

다나카　: 저것은 새로운 건물이군요.
나카무라 : 그렇군요. 멋진 디자인이네요.
다나카　: 나카무라씨의 집은 넓어요?
나카무라 : 아뇨, 작은 아파트예요.
다나카　: 어떤 곳이에요?
나카무라 : 조용한 곳이에요. 근처에 도서관도 있어요.
다나카　: 장보는 데도 편리한가요?
나카무라 : 장보는 데는 좀 편리하지 않습니다.
하지만, 싸서 좋아요.
다나카　: 학교에서도 가까워요?
나카무라 : 아니오, 학교에서는 좀 멀어요.

제10과 음악을 듣습니다

와타나베 : 나카무라씨는 음악을 듣습니까?
나카무라 : 예, 자주 듣습니다.
그러나, 영어 음악은 듣지 않습니다.
와타나베 : 그래요? 드라마는 보지 않나요?
나카무라 : 예, 드라마는 별로 보지 않습니다.
영화는 가끔 봐요.
와타나베 : 신문도 읽나요?
나카무라 : 네, 하지만 신문은 좀 어렵더군요.
와타나베 : 그래서 저는 신문을 별로 읽지 않습니다.
저는 책 읽는 것을 좋아합니다.
나카무라 : 저는 만화를 엄청 좋아합니다.

제11과 스카이트리가 있습니다

김 : 나카무라씨, 도쿄에서 유명한 것은 뭐예요?

나카무라 : 도쿄에서 유명한 것은 많이 있어요.
요즘에는 도쿄스카이트리가 유명합니다.

김 : 도쿄타워는 어때요?

나카무라 : 도쿄타워도 전부터 유명해요.
외국인한테는 아사쿠사도 인기가 있지요.

김 : 그래요? 좋은 곳이 많이 있군요.
나카무라씨의 가족은 도쿄에 있나요?

나카무라 : 네, 제 가족은 도쿄에 있어요.
김씨의 가족은 어디에 있어요?

김 : 제 가족은 서울에 있습니다.
집에는 고양이도 있어요. 아주 귀엽지요.

나카무라 : 저의 집에는 강아지가 있어요.
강아지는 침대가 두 개나 되지요.

제12과 지도를 가지고 있습니다

하나바시 : 나카무라씨, 안녕하세요. 날씨 좋네요.

나카무라 : 그러게요. 따뜻하군요.

하나바시 : 오늘은 제가 서울을 안내해 드릴게요.

나카무라 : 지도를 사고 싶습니다만, 편의점이 어디에요?

하나바시 : 역 앞에 있어요.
하지만, 지도는 제가 가지고 있어요.

나카무라 : 그래요? 저는 마실 것을 두 개 가지고 왔습니다.
서울에서는 버스가 좋나요?

하나바시 : 버스보다 지하철이 편리하다고 생각합니다.

나카무라 : 요금은 어때요? 비싼가요?

하나바시 : 아뇨, 그렇게 비싸지 않아요.
나카무라 : 저기는 학교인가요?
하나바시 : 아니오, 저것은 학교가 아닙니다. 시청이에요.
나카무라 : 그래요? 하나바시씨는 서울을 잘 아는군요.
하나바시 : 아녜요, 그렇지도 않아요.

제13과 여기는 조용하지 않군요

야마시타 : 그것은 나카무라씨의 책이에요?
나카무라 : 아뇨, 제 책이 아니에요. 김씨 거예요.
야마시타 : 그렇군요. 김씨는 아직 오지 않네요.
나카무라 : 늦잠을 잤을까요?
야마시타 : 그렇지는 않은 것 같아요. 아까 전화가 있었거든요.
나카무라 : 그럼, 슬슬 도착하겠군요.
야마시타 : 여기는 좀 춥지 않습니까?
나카무라 : 저는 괜찮습니다.
그보다, 이 역은 깨끗하지 않군요.
야마시타 : 네, 게다가 조용하지도 않아요.
나카무라 : 김씨가 오면, 불고기를 먹을까요?
야마시타 : 저는 고기를 먹지 않습니다.
야채볶음으로 하지 않을래요?
나카무라 : 그것도 좋겠군요. 술은 어때요?
야마시타 : 술도 마시지 않으려고 하고 있어요.
나카무라 : 호오, 착실하군요.

제14과 조용한 동네였어요

요시오카 : 안녕하세요. 오래간만이네요.
다카하시 : 그렇네요. 오늘은 포장마차에서 한잔 마십시다.

요시오카 : 그럽시다. 저기가 좋겠네요.

다카하시 : 요시오카씨는 고향에 자주 가나요?

요시오카 : 가끔 갑니다. 일이 바빠서요.

다카하시씨의 고향은 어떤 곳이었어요?

다카하시 : 조용한 동네이고, 공기도 상쾌했어요.

요시오카 : 몇 살까지 거기에 있었어요?

다카하시 : 고등학교를 졸업할 때까지였어요. 아주 재미있었지요.

요시오카 : 저는 시골에 가도 친구가 거의 없어요.

다카하시 : 그렇죠? 거의 도쿄로 가버리지요.

요시오카 : 하지만, 가끔 그리워질 때가 있어요.

제15과 여행을 가지 않겠습니까

다나카 : 이번 휴가 때에 여행 가지 않을래요?

사토 : 네, 그러죠.

다나카 : 어딘가 가고 싶은 곳이 있어요?

사토 : 오키나와에 가보고 싶습니다만, 어떻습니까?

다나카 : 오키나와는 따뜻하니까 저도 좋다고 생각합니다.

사토 : 그럼 정해졌네요.

관광지도가 한 장 필요하겠군요.

다나카 : 그렇네요. 저도 한 번 봐두겠습니다.

사토 : 큰 수족관이 있다고 들었습니다만, 알고 있나요?

다나카 : 예, 알고 있어요.

저는 깨끗한 바다를 특히 좋아해요.

사토 : 그래요? 기대가 되는군요.

무슨 요일에 출발할까요?

다나카 : 금요일이 좋다고 생각합니다.

사토 : 그럼, 목요일 밤에 다시 한 번 연락합시다.

제16과 무엇을 하고 있습니까

모리타 : 요시다씨, 지금 뭐 하고 있어요?
요시다 : 교실에서 공부하고 있어요.
모리타 : 도서관에 가지 않을래요?
요시다 : 중요한 것이 칠판에 쓰여 있어요.
도서관에는 조금 이따가 갈게요.
모리타 : 알겠습니다. 기다리고 있을게요.
요시다 : 오래 기다리셨습니다. 밖은 춥네요.
저 안경 낀 사람은 누구예요?
모리타 : 중국어를 전공하고 있는 친구예요.
요시다 : 그렇군요. 귀여운 옷을 입고 있네요.
모리타 : 귤이 세 개 있는데요, 먹지 않을래요?
요시다 : 네, 고맙습니다.
모리타 : 아, 저기에 신문이 떨어져 있군요.
요시다 : 내가 치워둘게요.

제17과 좋은 일이 있었다고 합니다

다나카 : 사토씨, 잘 지내셨어요?.
사토 : 네, 덕분에 잘 지냅니다.
오늘은 덥지도 춥지도 않군요.
다나카 : 그렇네요. 어딘가 나가고 싶네요.
사토 : 하지만 요즘에 좀 바쁩니다.
다나카 : 뭔가 새로운 사업이라도 시작했나요?
사토 : 예, 회사에서 사업을 확대하거든요.
다나카 : 그래요? 언제부터 스타트하나요?
사토 : 다음 주 목요일부터예요.
다나카 : 7월 30일이군요. 열심히 하세요.

사토　: 스즈키씨한테도 좋은 일이 있었다더군요.
다나카 : 네, 이 새 디자인을 발표했대요.
사토　: 좀 봐도 되나요?
다나카 : 네, 여기요.

제18과 학교에 가지 않으면 안 됩니다

야마나카 : 요시오카씨, 뭔가 바빠 보이네요.
요시오카 : 네, 리포트 마감이 가까워서요.
야마나카 : 식사는 했어요?
요시오카 : 아녜요, 아직이에요. 식사를 할 시간도 없어요.
야마나카 : 그래도 밥은 제대로 먹지 않으면 안 돼요.
요시오카 : 네, 이것이 끝나면 먹을 참이에요.
야마나카 : 마감은 언제까지예요?
요시오카 : 내일 오후 다섯 시까지 제출해야 됩니다.
야마나카 : 그거 힘들겠군요.
괜찮다면, 이거 먹지 않을래요?
요시오카 : 먹음직스런 케이크네요. 먹어도 돼요?
야마나카 : 물론이죠. 따뜻한 차도 있어요.
요시오카 : 여러 가지로 감사합니다.
야마나카 : 천만에요.

제19과 먹은 적이 있습니다

사　토 : 요시다씨는 한국요리를 먹어본 적 있어요?
요시다 : 예, 있어요. 저는 한국요리를 엄청 좋아하거든요.
사　토 : 어떤 것을 좋아하세요?
요시다 : 냉면을 특히 좋아해요.
맵지 않기 때문에 일본인한테도 먹기 좋아요.

사　토 : 그래요? 김치는 어때요?
요시다 : 김치는 매워서 그렇게 좋아하지는 않습니다.
사　토 : 저 간판에는 뭐라고 쓰여 있나요?
요시다 : 글쎄요. 글자가 작아서 읽기 힘들군요.
사　토 : 오늘은 갈비를 먹지 않을래요?
요시다 : 좋지요, 그렇게 합시다.
사　토 : 갈비를 먹은 후에 냉면도 먹어보고 싶어요.
요시다 : 그게 좋을 것 같네요.

제20과 책을 읽기도 하고, 게임을 하기도 합니다

야마모토 : 점심때는 뭐 하세요?
나카무라 : 책을 읽기도 하고, 친구랑 수다를 떨기도 해요.
야마모토 : 오늘은 어떻게 할 거예요?
나카무라 : 오늘은 밥을 먹고 나서 도서관에 갈 생각이에요.
도서관에 가서, 책을 빌려서 리포트를 쓸 거예요.
야마모토 : 점심때도 바쁘군요.
나카무라 : 네, 하지만 금요일은 여유가 있어요.
야마모토 : 주말은 어때요?
나카무라 : 토요일 일요일은 운동을 합니다.
또, 시간이 있으면 게임도 하지요.
야마모토 : 저는 알바를 하고 있어요.
가능하면 같이 운동을 하고 싶네요.
나카무라 : 그럼, 알바를 쉴 때 연락해 주세요.
같이 스포츠를 즐깁시다.

연습문제 정답

제5과

1. (1) ③ (2) ① (3) ② 2. (1) はじめまして (2) はい、そうです (3) 彼女は大学生じゃありません

제6과

1. (1) ① (2) ③ (3) ② 2. (1) それは (2) これは (3) あれは

제7과

1. (1) じゅうじからです。(2) にせんごひゃくえんです。(3) じゅうにじからいちじまでです。2. (1) 学食は500円ぐらいです。(2) この服は3500円です。(3) 授業は9時から5時までです。

제8과

1. (1) たんぽぽは赤いです。(2) はい、その本は田中さんのです。(3) いいえ、彼女の服は青くありません。2. (1) これは赤くありません。(2) れんぎょうはきいろい花です。(3) その赤いのはチューリップです。(4) トマトは赤くておいしいです。(5) あの人は誰ですか。

제9과

1. (1) すてきな (2) 安全な (3) あんな (4) 静かではありません (5) そんなに
2. (1) きれい (2) としょかん (3) しょくどう (4) じゅうぶん (5) きょう

제10과

1. (1) 読み (2) 見 (3) き (4) 食べ (5) 勉強する 2. (1) 読みません (2) はい (3) 来ます

제11과

1. (1) ありますか (2) います (3) あります (4) あります (5) いますか 2. (1) みっつ (2) いくつ (3) いつつ (4) ここのつ (5) ふたつ

제12과

1. (1) 歌って (2) 呼んで (3) 歩いて (4) 立って (5) 座って 2. (1) 見て (2) 食べて (3) 飲みすぎて (4) きて (5) して

제13과

1. (1) 本ではない (2) 高くない (3) 静かではない (4) 暇ではない (5) おもしろくない 2. (1) 食べない (2) 読まない (3) 書かない (4) しない (5) こない

제14과

1. (1) 小説でした (2) 学生ではありませんでした (3) きれいでした (4) 好きではありませんでした (5) さわやかでした 2. (1) 勉強しました (2) いませんでした (3) 食べませんでした 3. (1) やさしかったです (2) 楽しくなかったです (3) おもしろくありませんでした

제15과

1. (1) やり (2) おもしろい (3) 気に入る (4) 必要 (5) 始まり 2. (1) ひとり (2) よじ (3) ごさつ (4) さんまい (5) にだい

제16과

1. (1) してい (2) かけてい (3) 飛んでい (4) 見ている (5) 聞いている
2. (1) 出してあり (2) 座っている (3) 着ている (4) 書いてある (5) かけてい

제17과

1. (1) あったそうです (2) 雨が降るそうです (3) 勉強しているそうです (4) おいしいそうです (5) きらいだそうです 2. (1) 食べてもいいですか (2) 来てもいいです (3) 寝てはいけません (4) 寒くも暑くも (5) 行きたい

제18과

1. (1) やわらか (2) 元気 (3) 降り (4) うまくいき (5) 高くなさ 2. (1) 返さなければなりません (2) 読まなければなりません (3) 守らなくてはいけません (4) 30日まで (3) 金曜日までに

제19과

1. (1) 行った (2) した (3) 飲んだ (4) みた (5) 食べた 2. (1) 飲みやすい (2) 歌いやすい (3) 歩きにくい (4) 話しやすい (5) 読みにくい

제20과

1. (1) 卓球をしたり、バドミントンをしたり (2) 洗濯をしたり、掃除をしたり (3) 出てから (4) 終わってから (5) 電話をしてから 2. (1) あれば (2) ぬれば (3) よければ (4) 来れば (5) おいしければ

백동선 (白同善)

・일본 나고야대학대학원문학연구과 일본언어문화전공
석・박사과정 졸업, 문학박사
・나고야한국학교, 나고야대학 문부교관 역임
・현재 강원대학교 일본학과 교수

저서 및 논문

・『알기 쉬운 일본어문법』 (2019, 신아사)

・「日本語検定に活用される敬語の実態分析」
(2019, 『日本文化研究』 第71輯) 등

패턴중심의 생활일본어

초판 1쇄 발행 _ 2021년 5월 28일

저 자・백 동 선
발행인・정 현 걸
발 행・신 아 사
인 쇄・대명프린팅
주 소・서울특별시 은평구 통일로 59길 4 (2층)
전 화・(02) 382-6411 팩스・(02) 382-6401
홈페이지・www.shinasa.co.kr
E-mail・shinasa@daum.net
출판등록・1956년 1월 5일 (제 9-52호)

ISBN 979-11-91158-22-9 (93730)

정가 13,000원